I0876816

Kohlhammer

Versorgung gestalten – Gesundheits- und Sozialversorgung heute und morgen

herausgegeben von Jürgen Zerth und Elmar Nass

Die Reihe „Versorgung gestalten“ umfasst sowohl Monographien als auch Sammelbände, die das Themenfeld Gesundheitsversorgung aus interdisziplinärer Perspektive untersuchen.

Gesundheits- und Pflegeprozesse umfassen immer Beziehungen zwischen Ärzten, Patienten, Pflegenden und Gepflegten. Diese Beziehungen sind jedoch in einer organisatorischen und finanziellen Gestaltungsstruktur eingebettet, die wiederum integraler Bestandteil von (regulierten) Marktmechanismen ist. In diesem Sinne sind handlungstheoretische Perspektiven und Begründungsebenen genauso relevant wie die Auseinandersetzung mit organisationstheoretischen Anreiz- und Managementaspekten sowie werteorientierten Führungs- und Leitungsstrukturen. Die Reihe greift daher Fragestellungen der Handlungs- wie Organisationsebene im Gesundheitswesen genauso auf wie Aspekte der Technologieimplementierung im Gesundheits- und Sozialmarkt und die damit einhergehenden Konsequenzen für Akteure, Betroffene, Organisationen und Institutionen.

Die Analyse übergeordneter institutioneller Strukturen (regulierter) Gesundheitsmärkte komplettiert den interdisziplinären Blick auf die Herausforderung „Versorgung gestalten“.

Thomas Prescher

Das Nachhaltigkeitsdogma

Wie wir lassen, was wir tun sollten

Verlag W. Kohlhammer

Dieses Werk wurde mit der freundlichen Unterstützung der Peter-Oberender-Stiftung gedruckt.

1. Auflage 2019

Gesamtherstellung: W. Kohlhammer GmbH, Stuttgart

Print:
ISBN 978-3-17-037062-3

E-Book-Format:
pdf: ISBN 978-3-17-037063-0

Inhaltsverzeichnis

Vorwort

Scheinbar liegt das nötige Wissen für ein nachhaltigkeitsorientiertes Leben vor und dennoch bleibt eine ökologische Transformation der Gesellschaft aus. Im Band wird dazu die nachhaltige Entwicklung als gesellschaftliches Phänomen beobachtet und nicht Beobachter, die Beobachter beobachten, oder Beobachter die nachhaltige Entwicklung beobachten. Es geht darum das Thema provokativ aus einer veränderten Perspektive zu erschließen.

Mit Hilfe einer psychoanalytischen Annäherung an das Thema wird nach den Hintergründen der ausbleibenden Veränderungen gefragt und herausgearbeitet, welche sozialpsychologische Funktion die sich stetig aktualisierende Kommunikation von nachhaltiger Entwicklung für die Gesellschaft einnimmt. Über den psychoanalytischen Zugriff kann der Zusammenhang zwischen einer elaborierten Semantik in der Geschichte der nachhaltigen Entwicklung und der geistigen Entwicklung der Gesellschaft herausgearbeitet werden.

Dazu wird der Weg einer Analogiebildung als forschungsmethodischer Zugriff gewählt. Als Basis dient das „Christusdogma“ nach Fromm (1984). Dies dient als rahmengebendes Konzept zum einem als Basis zur Analyse der zentralen Entwicklungsmomente des Nachhaltigkeitsdogmas von einer „ökologischen Befreiungsbewegung“ hin zu einer herrschaftssichernden Umwelt- und Bildungspolitik. Zum anderen wird aus dem Verständnis des Chistusdogmas heraus das Verhältnis von Natur und Kultur als bestimmendes Merkmal des Nachhaltigkeitsdogmas entwickelt. In dieser Analyse wird der Mythos der nachhaltigen Entwicklung sichtbar. Mythos, weil er als Rationalisierung nicht die Weisheit unserer Zeit widerspiegelt, sondern weil das Nachhaltigkeitsdogma als Ausdruck irrationaler und antisozialer Impulse gefasst werden kann. Alles spricht von nachhaltiger Entwicklung mit ökologischer Semantik und doch dient der Talk dazu, gerade eine ökologische Nachhaltigkeit zu verhindern und allein eine ökonomische Nachhaltigkeit zu sichern, ja sogar die Natur als Marketinginstrument dafür zu instrumentalisieren.

1 Psychoanalytische Reflektion und Provokation zur nachhaltigen Entwicklung: Notwendigkeit eines Blicks dritter Ordnung

Treibsand ist ein Phänomen. Treibsand ist auch ein Stück weit Mythos dramatischer Szenen in filmischen Inszenierungen (vgl. Drösser 2004). Auch Nachhaltigkeit ist ein Phänomen und lässt sich ein Stück weit als Mythos sehen – als umweltpolitische Inszenierung der Umweltbewegung und der sogenannten Realpolitik. Als Bestandteil dieser Inszenierung zeigen der Rat für nachhaltige Entwicklung (vgl. Bachmann 2012, S. 2) und der Fortschrittsbericht der Bundesregierung (Bundesregierung 2012) zu ihrer Nachhaltigkeitsstrategie auf, dass nachhaltiges Wirtschaften ein zentrales Schlüsselthema der Politik ist, was sowohl wirtschafts- und umwelt- als auch bildungspolitische Fragen einschließt.

Für Unternehmen wie Konsumenten hat Nachhaltigkeit meist einen überwiegend deskriptiven und operativen Charakter, ohne dass es zu einer echten Verhaltensänderung kommen würde. Das Leitbild der Nachhaltigkeit kann man so gesehen als Mythos verstehen. Die Aktivitäten, die sich aus der Nachhaltigkeitspolitik ergeben, lassen sich als eine Art Vermeidungspolitik beschreiben, bei der es im Wesentlichen darum geht, Legitimation gegenüber relevanten Stakeholdern in Politik und Wirtschaft durch strukturelle Anpassungen zu sichern (vgl. Luhmann 2005, S. 22). Das Leitbild nachhaltiger Entwicklung wird dabei, wenn überhaupt, im ökonomischen Verständnis verwandt. Angebote zur Öko- und Energieeffizienz dienen der Optimierung unternehmerischen Handelns und der wirtschaftlichen Performance. Eine „wirklich“ nachhaltige Entwicklung, deren Ziel zuvorderst die Sicherung der menschlichen Existenz und der dafür notwendigen Natur als Lebensgrundlage ist, findet dort nur selten oder gar nicht statt. Die Logik des Marktes scheint die Spielregeln zu bestimmen.

Senge et al. (2011, S. 51) nutzen zur Erläuterung dieses Zusammenhangs die Metapher der „Blase“. Beispiele hierfür sind die Finanzblasen oder die Blase der New Economy. Diese zeichnen sich insbesondere durch Realitätsverschiebungen bei den beteiligten Akteuren aus. Im Verhältnis zur steigenden Popularität eines sozialen Phänomens als Blase entwickeln die Beteiligten zunehmend verschobene Überzeugungen und Wahrnehmungen. Die Insider einer Blase leben dann in einer eigenen Realität, die mit der Realität außerhalb der Blase nicht mehr in Deckung zu bringen ist. Wenn sie den Erfolg eines „Blasen-Systems“ wahrnehmen, gelangen sie dann zu Überzeugungen, die sich mit der Zeit habituell verfestigen. Senge et al. (2011, S. 52) schreiben daher:

> Unserer Ansicht nach, stellt das industrielle Zeitalter eine ausgedehnte Blase genau dieser Art dar. Die Ausdehnung schreitet seit mehreren Jahrhunderten voran, deshalb herrscht die verbreitete Annahme, es würde immer so weitergehen.

Es gibt Perspektiven als Beobachter zweiter Ordnung, bei denen von außen auf die Blase geschaut wird, wie zum Beispiel in den Theorien zum nachhaltigen Wirtschaften (vgl. v. Hauff & Kleine 2009) oder der Bildung für nachhaltige Entwicklung (vgl. de Haan 2008). In Anlehnung an die ihnen zugrundliegende Realitätswahrnehmung, die tendenziell von einer Überbeanspruchung natürlicher Ressourcen – mit der Gefahr eines ökologischen Kollapses – ausgeht, kann man Akteure innerhalb einer Blase als Beobachter erster Ordnung als „Ökologieverschiebung" zu den Gesetzen der Nachhaltigkeit annehmen, die außerhalb der Blase sind. Das Hauptproblem wird darin gesehen, dass sich der moderne Mensch insofern ökologiefeindlich verhält, als er mit sich unachtsam und mit seinen lebensbegründenden Ressourcen zerstörerisch umgeht. Die Zerstörung ergibt sich aus der Befriedigung der Bedürfnisse nach Energie, Nahrung und Dienstleistungen oder sozialem Status, Wohlstand und Bequemlichkeit. Das Übermaß an Ressourcenverbrauch gefährdet dabei die Regenerationsfähigkeit ökologischer Systeme substanziell (vgl. MEA 2005; UNEP 2007).

Mit Senge et al. (2007, S. 44) kann daher der Bedarf eines systemischen Wandels identifiziert werden, der als grundlegende Transformation durch Lernen und Verlernen zu beschreiben ist. Mit dem in den 1970er Jahren erschienenen Bericht des Club of Rome „Grenzen des Wachstums" (Meadows et al. 1972) wurde bereits der auch vom MIT aufgegriffene sustainable turn eingeleitet. Bei diesem sind die Informationen über die „Lage der Menschheit", wie es im Untertitel formuliert ist, aufgrund der Datenquantität und der normativen Ansprüche allgegenwärtig. Die Informationen erscheinen aber auch widersprüchlich oder bisweilen spekulativ und wirken aufgrund der häufig gewählten Krisenszenarios auch sehr beängstigend. Hier besteht der Eindruck, die Gesellschaft befinde sich im Treibsand der Informationen und der Maßnahmen.

Der Treibsand lässt sich symbolisch verstehen als eine Situation, in der es keine wirklichen Orientierungspunkte und keinen echten Halt gibt: Nachhaltigkeit erscheint wie ein Elfenbeinturm im Treibsand (vgl. Bohus 2015, S. 145). Viele Aussagen über eine richtige und angemessene Lebenswiese erscheinen nicht nur vage und hypothetisch, sie gehen an der gesellschaftlich etablierten und habitualisierten Wirklichkeit und Lebenspraxis vorbei. Wenn man Treibsand als ein gefährliches und alles verschluckendes Phänomen beschreibt, scheint die Gesellschaft hier selbst den Treibsand darzustellen. Dieser impliziert jedoch nicht nur eine metaphorische Bedeutung, denn die eskalierenden und labilisierenden Mechanismen des wirtschaftlichen Handelns und des gesellschaftlichen Zusammenlebens können sogar konkret benannt werden. Das, was eine Gesellschaft stark und prosperierend macht, kann ihr aus Sicht der Nachhaltigkeitsforschung gleichermaßen zum Fallstrick werden.

Bildungstheoretisch muss eine „nachhaltige Entwicklung" daher als doppelbödig verstanden werden, da es zum einem um ein sachlich-faktisches Wissen über Möglichkeiten der nachhaltigen Entwicklung geht, zum anderen aber um die Deutungs- und Emotionsmuster der Akteure. Diese (ver)führen die Menschen dazu, in einem Status quo zu verhaften und Veränderungen mit einer ungewissen Zukunft eher auszuweichen, weil das Motiv der ökologischen Bewegung, so die Vermutung, viel stärker affektlogischer Natur ist als es rationalen vernunftorientierten Argumenten folgt. Das größte Defizit der ökologischen Forschung ist hier in einer fehlenden Berücksichtigung der Systemik individueller und sozialer Dynamiken sowie in deren wissenschaftlichen Klärung zu sehen. Es fehlt ein Blick dritter Ordnung auf die Akteure die nachhaltig oder nicht-nachhaltig Handeln und auf die Akteure, die diese Akteure forschend beobachten.

Es gilt die Vorstellung von einem sich bildenden und vernunftorientierten Subjekt zu hinterfragen, welches sich reflektorisch, rational und in einer begriffslogisch strukturierten Auseinandersetzung mit der Welt weiß (vgl. Müller 2002, S. 54). Dabei kann man unter Bezugnahme auf die Ökosystemforschung (vgl. Kratoschwil & Schwabe 2001, S. 111) und auf Plessner (1982, S. 11) davon ausgehen, dass eine nachhaltige Entwicklung nicht allein eine Sache des denkenden Subjekts ist, sondern im Sinne des Konzeptes eines nachhaltigen Akteurs eine Verbindung der Innenwelt mit der Außenwelt über die Mitwelt impliziert. Mitwelt als Begriff bezieht sich auf die Konstitution des eigenen Selbst im Medium anderer Menschen, innerhalb dessen die individuelle Position definiert wird:

> Die Mitwelt umgibt nicht die Person, wie es [...] die Natur tut. Die Mitwelt erfüllt auch nicht die Person, wie es von [...] der Innenwelt gilt. Die Mitwelt trägt die Person, indem sie zugleich von ihr getragen wird und gebildet wird [...] die Sphäre des Geistes. (Plessner 1982, S. 14).

Entsprechend dem Mitwelt-Gedanken kann man in der psychoanalytischen Reflexion im Themenfeld der nachhaltigen Entwicklung das Verhältnis des Menschen zu sich selbst, zu den anderen und zur Welt als zentrales Moment der Analyse sehen (vgl. Koller 2012, S. 7). In diesem Sinne muss eine Analyse, die insbesondere eine nachhaltige Entwicklung zum Gegenstand hat, genau die Verhältnisse zu sich selbst, den anderen und der Welt in den Mittelpunkt stellen. Nachhaltige Entwicklung wird im Verständnis dieses System-Umwelt-Paradigmas durch Wigger (2009, S. 109) in einem engen Verhältnis zur Habitustheorie nach Bourdieu gesehen. Die Steigerungssemantik nachhaltiger Entwicklung wird hier einer Trägheit psychosomatischer Strukturen gegenübergestellt, die als inkorporierte Lasten Veränderungsmöglichkeiten aufgrund ihrer eigenen Systemlogiken begrenzen, wenn nicht gar verhindern.

In diesem Sinne stellt sich für das vorliegende Vorhaben die Frage, warum sind Ökologie, nachhaltige Entwicklung und Natur in Politik, Wirtschaft, Wissenschaft, Kunst und Werbung so populär und dennoch bleiben grundlegende Veränderungen der Lebensweise aus? Welche sozialpsychologische Funktion erfüllt die Thematisierung dieser Aspekte und wie wird damit für die Gesellschaft umgegangen?

Zur Beantwortung dieser Fragen ist ein weiterführendes Erklärungsmodell nötig, um die gesellschaftliche Situation als zentrale Rahmung des Phänomens der nachhaltigen Entwicklung erfassen zu können. Ausgangspunkt ist, dass in den ökologischen Debatten die Ökonomiekritik ebenso einen großen Raum einnimmt, wie in den ökonomischen Debatten wissenschaftstheoretische Begründungen aufgeführt werden, warum die Ökonomie als gesellschaftliches Funktionssystem einer eigenständigen und der Natur widersprechenden Logik folgt. Rationalen Argumenten werden rationale Argumente gegenübergestellt.

Die Paradoxie des Begriffs Nachhaltigkeit wird hier offensichtlich: Während die einen auf Veränderungen abzielen, die eine ökologische Nachhaltigkeit meinen, zielen die anderen auf eine Nachhaltigkeit ab, die eine Bewahrung des Status Quo bedeutet. Der vorliegende Text ist aus einem Forschungsprojekt zur ökologischen Bildung von und in Organisationen entstanden. Im Verlaufe der Arbeit wurde immer deutlicher, dass der normative Anspruch einer nachhaltigen Entwicklung und darauf bezogener Transformationshoffnungen und -notwendigkeiten in einem massiven Widerspruch zur Verwirklichung stehen. Das Resultat ist unbefriedigend gewesen und führte immer wieder zu der Frage, worin die Ursache zwischen diesem Widerspruch aus ökologischen Talk und fehlender Action zu sehen ist. Es wurde auch deutlich, dass eine einseitige Ökonomiekritik für sich nicht akzeptabel, bearbeitbar und zielführend ist (vgl. Kluge 1985, S. 1ff.). Gerade in der Bearbeitung der zentralen Strategien zur nachhaltigen Entwicklung (vgl. Kap. 4) wurde vielmehr ein sozialpsychologisches Moment sichtbar, dass in einem psychoanalytischen Zugriff expliziert werden kann, d.h., dass mit einer elaborierten Semantik der Zusammenhang aus der Geschichte der nachhaltigen Entwicklung und der „geistigen“ Entwicklung der Gesellschaft deutlich wird.

Das ursprüngliche Forschungsprogramm der vorliegenden Arbeit war es daher, die ökologische Ökonomiekritik ebenso nachzuzeichnen, wie die Strategien, wie innerhalb des ökonomischen Systems mit der ökologischen Frage umgegangen wird. Dies sollte Aufschluss darüber geben, welche Begriffe und Argumentationsmuster die jeweiligen Positionen verwenden. Das Unternehmen war von der Hoffnung getragen darin befindliche Potentiale für eine notwendige ökologische Transformation zu identifizieren und einer pädagogischen Gestaltung zuzuführen. Doch wurde mit den Forschungsergebnissen (vgl. Prescher 2018) deutlich, dass dieser thematische

Komplex nicht für sich bearbeitbar ist und die allerorts anzutreffenden Hinweise auf eine Transformationsressistenz bei den Akteuren ein weiterführendes Erklärungsmodell benötigt, um ideologiekritisch auf das Material zu schauen und alternative Interpretationen für die gegenwärtige gesellschaftliche Situation zu finden.

Der entscheidende Impuls kam aus dem 73-seitigen Aufsatz „Das Christusdogma“ von Fromm (1984), der als Grundlage für die Analogiebildung zur Analyse des Nachhaltigkeitsdogmas dienen soll. Die Idee dazu kam beim Lesen selbst und stellt einen massiven Widerspruch zur Argumentation des ursprünglichen Forschungsvorhabens dar, denn es stellt die bildungstheoretisch bemühten Erkenntnisse auf fundamentale Art und Weise in Frage. In der Auseinandersetzung mit dem Thema Nachhaltigkeit tauchte immer wieder die Antwort auf die Frage auf, wie das Thema so populär sein kann und dennoch ein Verhalten wider besseren Wissens allen Orts zu beobachten ist. Als Modethema kann Nachhaltigkeit in nahezu allen gesellschaftlichen Kontexten beobachtet werden. Beim Lesen des Aufsatzes von Fromm entstand eine Ahnung dafür, was die dahinter liegenden Zusammenhänge jenseits ethischer Reflexionen, wissenschaftlicher Untersuchungen und umweltpolitischer Maßnahmen sein könnten. So wie Fromm (1984, S. 15ff.) nach den Motiven der Wandlung in den Vorstellungen zu dem Verhältnis von Gott als Vaterfigur zu Jesus fragt, so entstand in Bezug auf das Nachhaltigkeitsthema die Frage, wie sich und vor allem warum sich das Verhältnis der Kultur zur Natur im ökologischen Diskurs veränderte (vgl. Kap. 5). Damit soll selbst keine religionskritische Position formuliert werden. Vielmehr geht es darum, Fromm mit seiner religionskritischen Analyse als Instrument aufzugreifen und zu nutzen, um gegenwärtige Tendenzen der Gesellschaft zur nachhaltigen Entwicklung sichtbar zu machen und einer kritischen Reflexion zuzuführen.

Der Autor formuliert im Sinne seiner sozialpsychologisch motivierten Analyse das Anliegen, die Idee des Christusdogmas (vgl. Kap. 3) aus den Menschen und ihrer Situation heraus verstehen zu wollen und nicht anders herum die Menschen in Folge einer Idee zu beleuchten. Diese Aussage ließ sich hervorragend auf die Idee der Nachhaltigkeit beziehen, denn schließlich scheinen sich die Menschen aufgrund der Nachhaltigkeit in ihrem äußerlichen Verhalten und Handeln nicht zu wandeln. Daher ist es wissenschaftlich umso interessanter danach zu fragen, wie die Situation der Gesellschaft ist, um aus dieser Situation heraus den Erfolg der Idee (und deren Scheitern in der Verwirklichung) zu verstehen und eine Antwort darauf zu finden, welche sozialpsychologische Funktion dem Nachhaltigkeitsdogma zugeschrieben werden kann. Dem liegt die Annahme zu Grunde, dass das Christentum auch nicht das Reich Gottes im wörtlichen Sinne in die äußerliche Welt brachte. Genau genommen sind die Christen sogar eine ziemlich kriegerische Glaubensgemeinschaft, wenn der zum Beispiel die Entwicklung des Heiligen Römischen Reiches Deutschen Nation oder die Kreuzzüge, um nur zwei Aspekte zu nennen, berücksichtigt werden.

Die Frage ist, welches Muster kann für die nachhaltige Entwicklung nachgezeichnet werden? Der Beitrag kann dazu im weitesten Sinne als ein Essay verstanden werden, um in einer offenlegenden Gedankenführung das Thema zu reflektieren und mit Hilfe des psychoanalytischen Zugriffs provokativ zu konturieren.

Die Verbindung des Christusdogmas mit dem Nachhaltigkeitsdogma ergibt sich dabei aus der Annahme, dass beide als ein Kulturbesitz gedeutet werden können und beide als große Illusionen klassifiziert werden können. In dem Aspekt der Illusion haben beide sozusagen einen religiösen Charakter. So wie sich der religiöse Glaube in den Weltreligionen als menschliche und selbstkonstruierte Illusion entzaubern lässt, so lässt sich die Idee der Nachhaltigkeit entzaubern.

> Wenn wir die religiösen Lehren als Illusionen erkannt haben, erhebt sich sofort die weitere Frage, ob nicht auch anderer Kulturbesitz, den wir hochhalten und von dem wir unser Leben beherrschen lassen, ähnlicher Natur ist. (Freud 1928, S. 54).

In diesem Sinne kommen unmittelbar in der Darstellung staatliche Einrichtungen und wirtschaftliche Strukturen ins Blickfeld, aber auch darauf bezogene oppositive Elemente. Im Kulturbesitz wie in der Opposition scheinen Illusionen auf, da die Einflüsse der Wünsche der beteiligten Akteure sichtbar werden. Beide Seiten lassen sich dadurch charakterisieren, dass versucht wird „(...) eine erprobte und affektiv wertvolle Illusion durch eine andere, unerprobt und indifferent zu ersetzen." (ebd. S. 85).

2 Methodik und Problemstellung: Psychoanalytische Hermeneutik als Forschungszugang

Konstitution und Konstruktion sind zwei zentrale Begriffsfiguren soziologischer und sozialwissenschaftlicher Diskurse. Sie gehen auf den Sozialkonstruktivismus von Berger & Luckmann (1987) zurück. Die zentrale Frage zur sozialen Konstruktion der Wirklichkeit ist, wie Wirklichkeit als angenommene Objektivität entsteht und sich verfestigt. Die Unterscheidung der Begriffe Konstitution und Konstruktion bezieht sich darauf, wie eine Lebenswelt in ihrer Struktur beschaffen ist (Konstitution) und wie sie geschaffen wird (Konstruktion) (vgl. Luckmann 2008, S. 34 ff.).

Die Konstitution einer Lebenswelt beschreibt dabei die gesellschaftlich verfestigte Weltsicht und die kollektiv geteilte Auslegung der Wirklichkeit. Diese Auslegung beinhaltet Deutungen als universale Projektionen und überlagert alternative Wirklichkeitsentwürfe:

> Sobald eine Weltsicht gesellschaftlich verfestigt wird, stellt sie für den Einzelnen ein zwingendes System von Auslegungen dar. So erlangt die Weltsicht die Unausweichlichkeit einer subjektiven Wissenskategorie und die Objektivität einer kulturellen Norm, die von jedem normalen Wesen geteilt wird. Deutungen bestimmter wahrnehmbarer Eigenschaften, die sich der »universalen« Projektion konkret entgegenstellen könnten, verlieren auch in Weltsichten, die sich dem Grundtyp einer uneingeschränkt beseelten Welt nähern, an Glaubwürdigkeit. Sie werden weg erklärt oder erst gar nicht beachtet. (ebd., S. 37).

Die Konstitution eines sozialen Phänomens beschreibt demnach einen jeweils erreichten Stand eines Prozesses und entzieht sich einem gestaltenden Einwirken. Sie emergiert aus der sozialen Praxis (vgl. Slunecko 2008, S. 100). Die Analyse der Konstitution dient dementsprechend dazu, Strukturen einer konkreten kulturellen und sozialen Welt freizulegen. Forschungsmethodologisch geht es im vorliegenden Forschungsvorhaben darum, Abstand von einem vordergründig bestehenden Wissen über den Forschungsgegenstand zu nehmen (vgl. Raab et al. 2008, S. 12 ff.), um im Sinne einer Bedingungs-Analyse einen differenzierten Zugang zur Konstitution nachhaltiger Entwicklung zu gewinnen.

Der Begriff der Konstruktion beschreibt demgegenüber den Prozess, wie bestimmte Weltsichten und Wirklichkeiten durch Diskurse und Handlungen entstehen. Handlungen dienen als verbindendes Element zwischen der Konstruktion und Konstitution einer Lebenswelt, da sie Ausdruck der kollektiv geteilten Annahmen über die Wirklichkeit sind. Der Begriff der Konstruktion verweist daher auch auf ein Gestalten von Wirklichkeit, das intentional erfolgen kann. Der Begriff des Konstruierens ist so gesehen ein bewusstseinsnahes Phänomen (vgl. Slunecko 2008, S. 81).

Die Analyse der Konstruktion nachhaltiger Entwicklung bezieht sich dementsprechend auf die historisch-spezifischen Legitimationsprobleme im Zusammenspiel der Akteure. Die Akteure müssen im Prozess des Veränderns einer gemeinsamen Wirklichkeit lebensweltliche Erfahrungen im Alltag dekonstruieren und ko-konstruieren (vgl. Raab et al. 2008, S. 12 ff.). Im Sinne einer Prämissen-Analyse spielt die Betrachtung der Konstruktion sozialer Wirklichkeit für die Reichweite der immer wieder postulierten und scheinbar notwendigen Umstrukturierung der sozialen Praxis eine bedeutsame Rolle. Es geht um die Eigenlogik ökologisch motivierter Argumentationen und darum, in die Verfasstheit der Mitglieder der ökologischen Bewegung hineinzuschauen. Erst dieser Blick ermöglicht es, abschätzen zu können, inwiefern Strategien zur nachhaltigen Entwicklung realisierbar sind oder was sie scheitern lässt. Der psychoanalytische Zugriff lässt sich dazu als Ansatz verstehen, über die Rekonstruktion der Gesamtentwicklung allgemeine Regelstrukturen sichtbar zu machen.

Der Untersuchungsgegenstand der nachhaltigen Entwicklung mit dem darin inhärenten Nachhaltigkeitsdogma kann vor diesem Hintergrund als Phänomen interpretiert werden, das zwischen der Konstitution und Konstruktion angesiedelt ist. Die Analyse erlaubt einen Blick auf die innere Konstitution des Geschehens. Sie zeigt die innere Struktur und Entwicklungslogik als eine einander konstituierende Folge. Das erlaubt den Schluss, dass den Ergebnissen eine allgemeine Bedeutung zukommt und das Konzept der nachhaltigen Entwicklung als Dogma zu verstehen ist (vgl. Kap. 6). Die Analyse dient dazu, den aktuellen Status quo zu erfassen, der als Ergebnis einer nichtgesteuerten Handlungskoordination beschreibbar ist (vgl. Knoblauch 2012, S. 249). Sie bringt eine grundsätzliche Weltsicht der Akteure auf einer Makroebene zum Ausdruck. Darüber hinaus zielt die psychoanalytische Studie einer sozialen Wirklichkeit auch auf ein Aufbrechen der bestehenden „Glaubwürdigkeitsstruktur der Weltanschauungen" (Luckmann 2008, S. 38). Sie ist darauf angelegt, die Weltsicht der Akteure auf der Mikro- und Mesoebene provokativ infrage zu stellen. Wird eine nachhaltige Entwicklung als kulturelles Gebilde in einer konkreten zwischenmenschlichen Interaktion zum Gegenstand einer gemeinsamen Umwelt, so gewinnt sie an „Bedeutung", d. h., sie wird handelnd angewendet. Dieses Anwenden stiftet dann einen Beitrag dazu, das Handeln der Akteure zu koordinieren und durch geteilte Bedeutungen abzustimmen (vgl. Knoblauch 2012, S. 249). Dies geschieht aber nicht im gewünschten Sinne in Richtung einer auf Nachhaltigkeit ausgerichteten Transformation, sondern in sozialpsychologischer Deutung paradoxer Weise in Richtung auf eine Stabilisierung der vorherrschenden Herrschaftsverhältnisse.

2.1 *Psychoanalyse als Methode der Gesellschaftsanalyse: Beitrag zur Phänomenologie nachhaltiger Entwicklung*

Der Zugang zur Paradoxie nachhaltiger Entwicklung soll über die Psychoanalyse als Methode erfolgen. Dies kann als ein gewagter Zugriff verstanden werden, weil sich zwischen der Psychoanalyse und anderen Wissenschaften, insbesondere der Psychologie, Spannungen ausmachen lassen. Die Spannungen resultieren aus unterschiedlichen Forschungsparadigmen. Zum Beispiel wird innerhalb der Psychologie stark empirisch gearbeitet und Erkenntnis häufig aus beobachtbaren Daten gewonnen, die aus scheinbar eindeutigen forschungsmethodischen Zugriffen resultieren. In der Psychoanalyse dominiert dagegen eher ein hermeneutisches Sinnverstehen, wie es Jaeggi (2002, S. 309) darstellt. Deren Methode kann in einer freien Fallinterpretation als Analyse unbewusster Seelenanteile gesehen werden.

Als hermeneutischer Ansatz trägt die Psychoanalyse zu einer Phänomenologie eines Betrachtungsgegenstandes bei (vgl. Küchenhoff 2005, S. 13). Nun geht es bei der Betrachtung des Nachhaltigkeitsthemas nicht um eine Analyse von Seelenanteilen, sondern vielmehr um eine Gesellschaftsanalyse, bei der psychoanalytische Erkenntnisse von Subjekten auf eine soziale Gemeinschaft übertragen werden. Die Psychoanalyse als methodischen Zugriff für gesellschaftliche Fragestellungen zu wählen entfaltet ihre Stärke darin, dass sie das Unbewusste einbezieht und darauf bezogen eine reflexive Öffnung eines Forschungsgegenstandes möglich wird. Dabei geht es nicht darum, das psychoanalytische Moment des Subjekts mit kollektiven Phänomenen gleichzusetzen, sondern eine dialektische Beziehung zu entwickeln, die neue Schlussfolgerungen zulässt.

Psychoanalytiker neigen allerdings dazu, aktuelle Fragen der Gesellschaft nicht zu thematisieren und zu kommentieren. Eine Ursache sieht Parin (1978, S. 385) darin, dass sie wissenschaftstheoretisch das Individuum analysieren und nicht die Gesellschaft. Demgegenüber sieht der Autor aber einen expliziten Bedarf, insbesondere vor dem Hintergrund einer Ethnologie, die er vertritt. Entscheidend ist, die zu untersuchende soziale Einheit einzugrenzen und klar zu definieren. Auf dieser Basis ist es möglich, dass individuelle und das soziale Moment des Innenlebens zu erforschen und zu beschreiben (vgl. ebd. S. 387).

Damit wird das Ziel verbunden, kulturelle Dynamiken sichtbar zu machen, die anderweitig verborgen bleiben. Die Ethnopsychoanalyse kann dazu beispielsweise als Methode echte Interaktionsbeziehungen zwischen Subjekten und ihren sozialen Umfeldern im ethnopsychoanalytischen Gespräch zu Gegenstand haben. Mit ihr werden im Sinne einer ethnopsychoanalytischen Hermeneutik Textmaterial und darin innewohnende Mythen analysiert, interpretiert und gedeutet.

Im Allgemeinen, so Nadig (1985, S. 107) könne für diese Form der wissenschaftlichen Analyse keine konkrete Handlungsanweisung gefunden und formuliert werden. Die Grundidee der psychoanalytischen Hermeneutik kann jedoch dahingehend zusammengefasst werden, dass psychoanalytische Modelle und Kategorien auf einen Gegenstand bezogen und angewendet werden. Es geht darum, über eine „[...] Irritation den Zugang zum latenten, verborgen unbewußten Sinn des Kulturproduktes zu öffnen." (ebd. S. 116)

> Als ›ethnopsychoanalytisch‹ qualifizieren sich alle Untersuchungen, die sich in unterschiedlichen Settings der psychoanalytischen Methode in einem Forschungsfeld bedienen, um das Zusammenwirken von unbewussten psychischen Mechanismen und kulturellen Prozessen zu untersuchen [...]. (Reichmayr 2016, S. 12).

Eine psychoanalytisch orientierte Forschung dieser Art ist auf der theoretischen Ebene anzusiedeln, wobei hermeneutisch psychoanalytische Ideen und Konzepte als Erklärungsmodelle auf den Forschungsgegenstand angewendet werden. In der Psychoanalyse wird dafür immer wieder die Beziehung zu ihrem Ursprung, d.h. ihrem Begründer Sigmund Freud hergestellt. Freuds Ansatz der Psychoanalyse ist umstritten. Deren Wissenschaftlichkeit wird immer wieder in Frage gestellt. Wissenschaftstheoretisch kann dennoch das Theoriemodell Sigmund Freuds als Wissenschaft angesehen werden und eine klare Abgrenzung zu einer Pseudowissenschaft ausgemacht werden. Stegmüller (1986, S. 419ff.) analysiert dafür die Theorie mit einem strukturalistischen Ansatz im Sinne einer formalen Analyse. Die Theorie Freuds wird dazu in Terme, Sätze und Relationen in seine mathematischen Bestandteile zerlegt. Die formallogische Analyse bestimmt als Beweisführung dann die Stellung der Bestandteile innerhalb der Theorie (vgl. Manhart 2007, S. 3).

Stegmüller (1986, S. 431) kommt damit zu dem „überraschenden" Ergebnis, wie der Autor selbst formuliert, dass der empirische Gehalt von Freuds Neurosentheorie formallogisch besser aufgestellt ist als die klassische Partikelmechanik. Er zieht das Fazit, dass die Neurosentheorie die Anforderungen einer Theorie erfüllt und der Vorwurf einer Pseudowissenschaft wissenschaftstheoretisch nicht aufrechterhalten werden kann. Das freudsche Theoriemodell basiert auf folgender Grundannahme:

> In allen Menschen vollziehen sich laufend unbewußte psychische Akte, die nach Realisierung in Form von Handlungen und bewußten Erlebnissen drängen. (Stegmüller 1986, S. 416)

Ehrenberg (2015, S. 12) stellt die Psychoanalyse zudem als Methode dar, die von ganz praktischem Interesse ist, wenn es darum geht einen Übergang von der Analyse eines Subjekts zur Gesellschaftsanalyse zu ermöglichen. Die Idee dahinter ist, dass individuelle Neurosen ein kollektives Moment als sogenannte Kollektivneurosen haben. Auch wenn die Autorin mögliche

Einwände gegen diesen Ansatz bei Freud selbst identifiziert, weil das individuell Pathologische erst vor dem Kontrast einer als normal anzunehmenden Gesellschaft nachgezeichnet werden kann, so deutet sie das Unbehagen Freuds der Analogiebildung selbst als ein Moment der kollektiven Verdrängung. Dies kann darin begründet werden, dass auf der einen Seite ein politisches bzw. soziologisches Modell von Herrschaft und Widerstand identifiziert werden kann. Auf der anderen Seite ein stark zunehmendes psychisches Leiden ausgemacht werden kann, was die Formen des Handelns in einer Gesellschaft beeinflusst, da die Menschen Möglichkeiten suchen ihre Gefühls- und Triebkontrolle zu regulieren, bzw. eine gestörte Kontrolle versucht wird zu kompensieren und zu sublimieren.

Stegmüller (1986, S. 427ff.) stellt in seiner formallogischen Strukturanalyse diesbezüglich dar, dass es bestimmte Erlebnisarten und -klassen gibt, die für viele Personen assoziationsgleich sind. Damit wird dem Einwand Rechnung getragen, dass die jeweiligen Erlebnisse zwischen Personen konkret verschieden sein können, diese Personen aber ähnliche Lebensphasen durchlaufen. Es wird damit ferner begründet, dass im Sinne der Neurosen- und Sublimierungstheorie ähnliche Phänomene im Umgang mit Erlebnissen und damit zusammenhängenden psychischen Akten beobachtet werden können, die eine kollektive Dimension des Unbewussten und der Neigung nach Realisierung beinhaltet.

Im psychoanalytischen Modell wird herausgestellt, dass Menschen anders als rational und vernünftig handeln. Häufig wird es von Ängsten und Wünschen beeinflusst, die unbewusst bzw. vorbewusst sein können. Die Theorie der Psychoanalyse kann daher ein methodischer Zugang sein, um gesellschaftliche Trends einer Interpretation zuzuführen. Sie kann dabei entlasten, häufig einseitig getroffene Unterscheidungen zwischen gut (hier Ökologie bzw. Nachhaltigkeit) und böse (hier Ökonomie) zu überwinden.

Für die Begründung des methodischen Zugangs sind mit Caruso (1972, S. 21) – stark vereinfachend – zwei Strömungen von Psychoanalytikern zu charakterisieren, die die Diskussion um die Übertragbarkeit der Individualanalyse auf eine Gesellschaftsanalyse maßgeblich prägen:

1. Eher klassische Psychoanalytiker vertreten die Auffassung, eine individuelle Neurose besteht in einem eher „normalen" sozialen Umfeld und kann durch Anpassung an dieses Umfeld geheilt werden.
2. Eher gesellschaftskritische Psychoanalytiker, wie zum Beispiel der hier zugrundgelegte Ansatz von Erich Fromm, betrachten das soziale Umfeld eher vor dem Hintergrund einer sozialen Neurose. Individuelles Leiden und Auffälligkeiten sind vor einer Art Wiederholungszwanges des kollektiven Momentes auf der individuellen Ebene zu beurteilen. Heilung findet hier einerseits stark individualisiert im Kontrast zur Gemeinschaft statt. Diagnostisch steht dieses Verständnis andererseits dafür, dass das, was im Individuum beobachtet werden kann, in Analogie auf die Gesellschaft übertragbar ist. Mit diesem Verständnis liefert Caruso

(1972, S. 21) die Begründung für die Zwangswiederholung des Ödipuskomplexes und von Minderwertigkeitsgefühlen.

Dementsprechend formuliert Fromm (1932, S.29ff.) selbst eine Begründung, dass unter Berücksichtigung soziologischer Perspektiven es nur allzu schlüssig erscheint, psychische Sachverhalte des Individuums als kollektives Phänomen zu fassen, da gesellschaftliche Entwicklungen und Phänomene ohne das individuelle und doch vergemeinschaftete Moment nicht erklärbar seien. Besonders mit Verweis auf kollektive Ideologien verweist der Autor darauf, dass dies rationalisierte Äußerungen seien, die mit moralischen und ideellen Motiven daherkommen. Darunter verbergen sich jedoch Antriebe seelischen Verhaltens. D.h., dass individuelle Triebleben hat für gesellschaftliche Verhaltensweisen von Gruppen eine Bedeutung.

> Analytische Sozialpsychologie heißt also: die Triebstruktur, die libidinöse zum großen Teil unbewusste Haltung einer Gruppe aus ihrer sozialökonomischen Struktur heraus zu verstehen. (ebd. S. 34).

Dabei kommt der Familie als Sozialisationsinstanz eine doppelte Bedeutung zu:

1. Der Mensch wird in der Familie vergesellschaftet und ist damit Produkt einer psychologischen Agentur, die Einflüsse auf die Triebentwicklung und Affektlogik hat.
2. Die Familie als sozio-ökonomisches Gebilde ist selbst in die gesellschaftlichen Verhältnisse im Sinne einer Klassen- bzw. moderner Milieuzugehörigkeit eingebettet. Innerhalb der Gesellschaft folgen die Familienmitglieder den Regeln und Institutionen, die „vorgeben“, welche Verhaltensweisen als normal gelten wie zum Beispiel Körperhygiene, Erwerbsarbeit, Mobilität und Konsumverhalten.

Das Anliegen Fromms ist nach Heinrichs (2001, S. 52) eine Sozialpsychologie zu entwickeln, die eine Soziologie mit der Psychoanalyse verbindet. Die Idee ist, dass individuelle Unbewusste und das gesellschaftliche Unbewusste als gemeinsames Moment zu erfassen und zu beschreiben. Liegen hier auch methodische und inhaltliche Probleme vor, so kann nach Einschätzung des Autors doch von einem aussagekräftigen und analytisch fruchtbaren Zugriff auf die Analyse gesellschaftlicher Verhältnisse gesprochen werden.

> Fromms Methode ist die der verallgemeinernden Übertragung individueller Prägungen aufs Kollektiv wie umgekehrt vor allem der kollektiven Muster auf den einzelnen Angehörigen von Klassen und anderen Kollektiven. Das stellt eine Zwischenposition zwischen individueller und sozialer Systemperspektive dar. (ebd. S. 53).

Das zentrale Moment kann in einer Gesellschaft als „Schicksalsgemeinschaft“ (ebd. S. 54) gesehen werden, in der der Einzelne entweder zum erfüllenden Rollenspieler wird oder in Opposition zu dieser geht. Im Sinne der bedeutenden Rolle der Familie als Sozialisationsinstanz kann die Opposition umso mehr als ein Anzeichen für das verhaftet sein des Einzelnen in der Gemeinschaft angesehen werden.

> Es ist Fromm um eine Sozialpsychologie zu tun, die nicht dabei stehenbleibt, die 'irrationalen' Verhaltensweisen der Menschen aus sozialen Gegebenheiten abzuleiten, sondern die vielmehr den erstrebten transitorischen Charakter solcher gesellschaftlichen Verhältnisse und damit die Möglichkeit, 'irrationale' Verhaltensweisen [...] in ihren Reflexionszusammenhang einbezieht. (Fessen 1993, S. 109)

Teil dieses Reflexionszusammenhangs ist die Perspektive auf Ideologien, wie das Nachhaltigkeitsdogma als eine solche Ideologie aufgefasst werden kann. Ideologien werden im psychoanalytischen Sinne als Rationalisierungen unerfüllter Wünsche, Triebe und Bedürfnisse interpretiert. Das Hauptargument liegt darin, dass Ideologien nicht ideelle Motive zugrunde liegen, sondern dass diese ein Ausdruck libidinöser Bedürfnisse sind. Die Psychoanalyse kann damit einen Erklärungsbeitrag leisten, die Wirkungsweise der Ideologien zu beschreiben und deren ideelles Moment zu entzaubern:

> Die Psychoanalyse kann also zeigen, wie sich auf dem Wege über das Triebleben die ökonomische Situation in Ideologie umsetzt. Dabei ist ganz besonders zu betonen, daß dieser 'Stoffwechsel' zwischen Triebwelt und Umwelt dazu führt, daß sich der Mensch als solcher verändert, genauso wie die 'Arbeit' die außermenschliche Natur verändert. Die Richtung dieser Veränderung des Menschen kann hier nur angedeutet werden. Sie liegt vor allem in dem von Freud verschiedentlich betonten Wachstum der Ich-Organisation und dem damit verbundenen Wachstum der Sublimierungsfähigkeit. Die Psychoanalyse erlaubt uns also, die Ideologiebildung als eine Art 'Arbeitsprozeß', als eine der Situationen des Stoffwechsels zwischen Mensch und Natur anzusehen, wobei die Besonderheit darin liegt, daß die 'Natur' in diesem Fall innerhalb und nicht außerhalb des Menschen liegt. (Fromm 1932, S. 46f.).

2.2 Sozialpsychologischer Ansatz nach Fromm (1984a): Analogiebildung als forschungsmethodischer Zugang und Denkwerkzeug

Der Ansatz der Psychoanalyse und insbesondere der sozialpsychologische Ansatz nach Fromm (1984), wie er im Christusdogma zur Anwendung kommt, dient für das vorliegende Essay als Analysezugang zur Idee der nachhaltigen Entwicklung. Damit wird der Anspruch verbunden eine maßgliche Paradoxie der nachhaltigen Entwicklung sichtbar zu machen und die dahinterliegende sozialpsychologische Funktion für die Gesellschaft herauszuarbeiten. Im Kern geht es darum zu formulieren, dass es gerade nicht um eine nachhaltige Entwicklung im ideellen Sinne geht. Dies zeigt sich insbesondere in der Aussage: „So können wir nicht weitermachen. Was wir tun, ist unverantwortlich“ (Eppler 2011, S. 28). Wir handeln wider besseren Wissens. Noch kontrafaktischer tun wir so, als ob mit der Ökologie als Wissenschaft und der Nachhaltigkeitsforschung ein Wissen produziert wird, dass tatsächliche Schlussfolgerungen und Gestaltungsoptionen für das „richtige und gute“ Leben offenbart.

Der psychoanalytische Zugriff auf den Forschungsgegenstand lässt vielmehr den Schluss zu, dass das Thema nachhaltige Entwicklung lediglich ein Kommunikationsthema ist. Dabei zeigt sich jedoch, dass dies nicht ein beliebiges Thema ist, sondern das es aus herrschaftssoziologischer Sicht eine stabilisierende Funktion einnimmt. Die Gegenspieler aus „Immer wieder Weltuntergang“ und den Nachhaltigkeitsbemühungen wirken als Narkotikum für die Massen. Um dies herauszuarbeiten, wird die psychoanalytische Herangehensweise als eine Methode der Analogiebildung verstanden.

Dem liegt die Annahme zu Grunde, dass es ein methodologisches Vorurteil sei, dass Methoden Daten erzeugen würden und die Analyse der Daten dann zu neuen Theorien und Erkenntnissen führen würden. Über das Bilden von Analogien sei es stattdessen möglich, ohne Daten zu neuen Erkenntnissen zu gelangen. Schrijvers (2007, S. 255) stellt bei der Anwendung von Forschungsmethoden heraus: „the visible things are the mirror of the invisible“. Das Unsichtbare kann über das Bilden einer Analogie sichtbar gemacht werden. Im Kern geht es darum, eine Ähnlichkeitsbeziehung in den Strukturen und Verhältnissen zwischen dem eigentlichen Untersuchungsgegenstand (nachhaltige Entwicklung als Nachhaltigkeitsdogma) und einem Hilfsgegenstand (Christusdogma) sichtbar zu machen. Das Grundprinzip der Analogiebildung ist dabei eine systematische theoriebasierte Reflexion des Gegenstandes.

Zu beachten ist dabei nach Bortz & Döring (2003, S. 371ff.), dass Analogien zunächst den Charakter eines Denkwerkzeuges haben. Das Verfahren der Analogie verfolgt dabei die systematische Sammlung von Prinzipien und Strukturmomenten (vgl. Lehmann 2017). Die Analogiebildung als Forschungsmethode kann daher als ein komplexes konzeptionelles Vorgehen verstanden werden. Eine zugrundliegende Heuristik stellt den Ausgangspunkt der Analyse dar (vgl. Renner et al. 2012, S. 24), welche im vorliegenden Ansatz im Christusdogma nach Fromm (1984a) identifiziert wurde.

Das Übertragen der Erkenntnisse eines Gegenstandes auf einen anderen Gegenstand eröffnet so einen Zugang zu einer differenzierten Analyse. Eine fundierte Analogie im wissenschaftstheoretischen Verständnis sucht dazu nach Gleichheit in Prozessen und Entwicklungen. Als psychologische Analogie können in Anlehnung an Smeijsters (2003, S. 9ff.) die Gleichheit psychischer und sozialer Muster des Handelns beschrieben werden. Methodologisch dient dieses Vorgehen der Hypothesengenerierung. Diese können dann in die Theoriebildung einfließen, indem Modelle hinterfragt oder neue Modelle entwickelt werden können.

Rein bildlich-metaphorische Analogien sind in diesem Verständnis als Forschungszugang auszuschließen. Die Basis einer Analogiebildung kann vielmehr eine historisch-kritische Darstellung eines Untersuchungsgegenstandes sein. Als zentrale Leitprinzipen hermeneutischen Verstehens dienen die Kriterien der Kritik und der Korrelation. Am Beispiel biblischer Hermeneutik als historisch-kritischer Zugang zur Bedeutung und Rolle von Jesus Christus stellt Mayer (2009) heraus, es gibt auch durch Methoden der Wissenschaft keine absolute Wahrheit und damit keine gegenstandsbezogene absolute Gewissheit. Es gibt jedoch Relationen, die insbesondere dann sichtbar werden, wenn ein Forschungsgegenstand in seiner historischen Entwicklung mit anderen Entwicklungen korrelativ in Beziehung gesetzt wird. Damit lässt sich das Fazit ziehen, dass eine analogiebasierende Forschung, die historisch-kritisch aufgestellt ist, im Wesentlichen Wahrscheinlichkeitsurteile ermöglicht.

2.3 Ökologische Bewegung: Familiendrama und Ödipuskomplex

Eine soziale Struktur kann als „nicht-neurotisch" angesehen werden. Aber eine soziale Struktur kann auf die Menschen neurotisierend wirken. Dies gilt sowohl für die Menschen, die das Spiel einer Gesellschaft „mitspielen" wie für die Menschen, die in die Opposition zu dieser Gesellschaft gehen. Im Dafür und im Dagegen können Spannungen und Widersprüche sichtbar gemacht werden, für die die Menschen einen Ausweg suchen. Caruso (1972, S. 26ff.) identifiziert ebenso wie Fromm die Familie als zentrales Medium und als ein ursächliches Moment dafür. Als maßgebliche Sozialisationsinstanz ist sie der Ort für Dramen und *Erfahrungen der seelischen Entfremdung.*

> In vielfacher Hinsicht wirkt also die Gesellschaft durch die Familie, in der das Schicksal des Kindes durch seine Erfahrungen in ihr geprägt wird. Seine zukünftige Neurose ist daher eine Widerspiegelung der augenblicklichen konkreten Familiensituation, wobei diese durch die soziale Struktur geprägt – weitgehend die geschichtliche Situation der Gesellschaft anzeigt. (ebd.)

Die Familie kann als Medium zwischen individuellem und sozialen Schicksal angesehen werden, da in ihr der Grundstein für die seelischen Strukturen gelegt wird. Im Sinne einer kulturellen Ökologie überträgt der erwachsene Mensch in der Kindheit erworbene Erfahrung auf gegenwärtige Situationen, in denen er Frustration und eventuelle Bedrohungen wahrnimmt. Die Tendenz, dass die Familien einen maßgeblichen Beitrag leisten, dass sich das Subjekt an die gesellschaftlichen Verhältnisse anpasst und dabei natürlich Triebe und Aggressionen unterdrückt, provoziert Reaktionen der Verteidigung im Trias Angst, Aggression und Schuldgefühl. Die Folge sind oftmals

Fehlanpassungen, die sich in einer Aggression gegen Autoritäten (stellvertretend für die Aggression gegen die eigenen Eltern) und Ambivalenzen gegenüber der sozialen Umwelt zeigt: „In dieser Notsituation sind sehr viele Menschen bereit Rettung in irgendeiner Pseudoidentität zu suchen." (Erikson 1965, S. 381). Ein Aspekt, der sich auf die Akteure der ökologischen Bewegung übertragen lässt:

Bei der Frage, was Ökologie ist, stellt Trepl (1991, S. 193) nämlich fest, dass sich hinter dem Begriff ein Konglomerat an Weltanschauungen, politischer und kultureller Bewegungen sowie wissenschaftlicher Disziplinen und Zugängen verbirgt. Dabei stellt der Autor heraus, dass es aus einer analytischen Perspektive kein Zufall ist, alle Phänomene unter einer Überschrift wiederzufinden. Bei einer näheren Betrachtung handelt es sich um ein und dasselbe Phänomen. Dem liegt ein ontologisches Naturbild zugrunde, was als ökologische Utopie ein ideologisches Bild ist. Im engeren Sinne ist dies nicht wissenschaftlich, auch wenn innerhalb der ökologischen Bewegung geforscht wird und wissenschaftliche Erkenntnisse argumentativ genutzt werden. Es ist ideologisch, weil aus diesem Wissen und Bildern Forderungen an die Realpolitik und Wirtschaft formuliert werden. Letztlich ist es eine Art „Phantasma" (vgl. Morton 2016, S. 17) und auch Ausdruck einer gesetzgebenden Kraft darüber, was als Norm und Normabweichung zu verstehen ist.

Und dies erscheint notwendig, weil das Verhältnis einer utopischen oder spekulativen Utopie (vgl. Descola 2014, S. 22) nicht mit einer gegebenen Realität in Einklang zu bringen ist. Die Realität selbst wirkt in gewisser Weise allmächtig und überfordernd, so dass die Akteure nach Differenzstrategien suchen, um den Raum und sich selbst als beherrschbar zu erleben. Da wo es an realer Macht und Selbstwirksamkeit mangelt, braucht es einen Vorraum symbolischer Macht, der die Macht der Mächtigen wenn schon nicht stürzt, so doch in Frage stellt (vgl. Hagen 2017, S. 8). Individuelle und private Konflikte werden auf diese Weise veröffentlicht oder auch sublimiert. Das was psychologisch als „Aufstand gegen die Väter" (Borowicz 2013, S. 103) gefasst werden kann, findet seinen Weg in der ökologischen Bewegung und damit seinen Ausdruck als Kampf zur Bewahrung der eigenen Unabhängigkeit. Die Psychoanalyse steht in diesem Verständnis für die Erkenntnis, dass die westliche Kultur auf Arbeitszwang und Triebverzicht beruht. Diese Situation führt unvermeidlich, so Freud (1928, S. 13) dazu, dass die Betroffenen in eine Opposition dazu gehen. Diese Situation kann als Klassiker zur Anwendung des Ödipuskomplexes verstanden werden.

Der Ödipuskomplex wird als Mythos symbolisch häufig dann genutzt, wenn es darum geht individuelle Konflikte eines Menschen und einer Gemeinschaft beschreibbar zu machen. Der Grundansatz lag darin, sexuelle Wünsche zu thematisieren, die entwicklungspsychologisch bedeutsam für die Individuation sind. Im Kern der Betrachtung liegt die Primärfamilie eines

Subjekts und im Weiteren die Übertragungen auf andere Interaktionsbeziehungen. Fromm (1984b, S. 131) leistet in einem sozialpsychologischen Zugriff eine Erweiterung dieses Verständnisses für eine Kulturanalyse, indem der den Ödipuskomplex weiterfasst und als eine grundsätzliche Einstellung zu Autoritäten interpretiert und in seiner Analyse anwendet. Das zentrale Motiv ist die Verdrängung, die die sexuell motivierten Wünsche innerhalb der Primärfamilie in Bezug auf die Mutter und den Vater und damit zusammenhängende Impulse unterdrücken. Gleichzeitig geht Fromm (1984b, S. 134) davon aus, dass diese Impulse dennoch vorhanden sind und ausgelebt oder wenigstens kompensiert werden wollen. Der Autor formuliert die Hypothese, die er an Hand der Trilogie „König Ödipus“, „Ödipus auf Kolonos“ und „Antigone“ belegt,

> (...) daß der Mythos nicht als Symbol der inzestuösen Liebe zwischen Mutter und Sohn, sondern als Rebellion des Sohnes gegen die Autorität des Vaters in der patriarchalischen Familie zu verstehen ist; daß die Heirat von Ödipus und Jokaste nur ein sekundäres Element, nur eines der Symbole für den Sieg des Sohnes ist, der den Platz des Vaters mit allen seinen Privilegien einnimmt.

Im Mythos des Ödipuskomplexes kann ein Verhältnis identifiziert werden, dass durch den Widerstreit des Patriarchats und dem Matriarchat gekennzeichnet ist. Die Akteure der Trilogie von Sophokles um Ödipus werden als Repräsentanten dieses Widerstreits interpretiert. Das Matriarchat steht für das Gesetz der ewigen Natur, der Liebe, Gleichheit und Frieden. Für dieses Prinzip steht die Figuren von Antigone, die Tochter von Ödipus oder Haimon, dessen Sohn und Ödipus selbst. Das Patriarchat wird für das von Menschen geschaffene Gesetz, für das Prinzip Macht, Herrschaft, Unterdrückung, Gehorsam und Rivalität angesehen. Kreon als Sohn von Ödipus verkörpert diese Haltung.

Hier kann eine enge Verbindung ausgemacht werden, die in Analogie des Verhältnisses der Urchristen und der Christen aus dem 3. und 4. Jahrhundert zu Jesus identifiziert wurde (vgl. Kap. 3). Die Identifikation der Menschen des Urchristentums mit Jesus wird durch Levy (2000, S. 20) in Anlehnung an das Christusdogma nach Fromm zunächst als Entthronung des Vaters beschrieben. Die Idee im Sinne des neuinterpretierten Ödipusmythos ist dabei, dass Patriarchat zu stürzen. Damit dies nicht gelingt, wurde im 3. und 4. Jahrhundert nach Christus versucht durch die Herrschenden diese vater- und obrigkeitsfeindliche Einstellung zu verändern und durch eine passiv-masochistische und gefügige Einstellung zu ersetzen. Das Prinzip Jesus, der nicht mehr als Mensch neben Gott gesetzt wurde und ihn so entthront, wird derart verändert, dass Jesus als Gottessohn eingeführt wird. Dies soll dazu dienen sich mit dessen Leiden zu identifizieren und so die Liebe und Gnade Gottes zu erfahren. Die Figur des Jesus wird als Glaubensbekenntnis das Schlüsselelement der gesellschaftlichen Entwicklungen.

Die ökologische Bewegung kann in diesem Interpretationsschema analog verortet werden. Geht es den sogenannten 68ern zunächst ähnlich wie den Urchristen um eine Infragestellung väterlicher Autorität, so wandelt sich dieses Prinzip in der jüngeren Vergangenheit, indem es Seitens der führenden Klasse im Rahmen der Umwelt- und Wirtschaftspolitik steuernd aufgegriffen wird. Hier ist ein Wechsel des Themas von der ökologischen Bewegung als Opposition hin zu den Herrschenden beobachtbar (vgl. Kap. 4).

Als Schlüsselelement kann dafür die Natur als depersonalisierter Akteur angesehen werden. Das Gesetz der Natur, so wie es im Ödipusmythos dargestellt wird, repräsentiert hier ein Glaubensbekenntnis und drückt die Sehnsucht nach Liebe, Gleichheit und Frieden aus. Das Leiden der Natur durch menschliches Einwirken kann stellvertretend für das eigene Leiden angesehen werden. In diesem Sinne kann mit Fromm (1984b, S. 153) festgestellt werden, das Kreon als Vertreter des Patriarchats zwar der einzige Überlebende und damit Sieger im Drama ist, er aber als der moralische Unterlegene gilt.

> Man darf wohl annehmen, daß Sophokles damit sagen wollte, daß die patriarchalische Welt zwar triumphierte, daß sie aber unterliegen werde, wenn sie nicht die humanistischen Prinzipien der älteren matriarchalischen Ordnung übernehmen würde. (ebd.)

Das Urchristentum wie die ökologische Bewegung können, so die Schlussfolgerung, als Aufstand gegen den Vater gedeutet werden, d.h. gegen jede Art von herrschenden Autorität. Während jedoch die Anhänger von Jesus als religiöse Befreiungsaktivisten angesehen werden können, so können die Anhänger der ökologischen Bewegung als politische Befreiungsaktivisten bezeichnet werden. In dieser Perspektive steckt im Rahmen der erfolgten Säkularisierung, der Industrialisierung und der etablierten Nationalstaaten ein Shift von einem „religiösen" Ödipus zu einem scheinbar „politischen" Ödipus. Dieses Verständnis über die Vorstellungen von Christus (Christusdogma) kann dabei helfen, die Vorstellungen von der Natur (Nachhaltigkeitsdogma) in der ökologischen Bewegung und ihrer Weiterentwicklung neu deuten zu können.

Die Psychoanalyse kann dafür als eine Vernetzungswissenschaft herangezogen werden. Sie profitiert einerseits stark von den Entwicklungen in anderen Disziplinen wie der Philosophie, Medizin, Biologie, Therapie- und Kulturwissenschaften u.a. Gleichzeitig erfahren diese anderen Disziplinen durch die Psychoanalyse Impulse, so dass in den Disziplinen vertiefende Analysen möglich sind (vgl. Küchenhoff 2005, S. 6). Gerade bei der Gesellschaftsanalyse bietet sich so die Möglichkeit sogenannte „Poststruktionen" (ebd. S. 7) sichtbar zu machen, in dem weder Vergangenheit approximativ rekonstruiert wird noch freischwebend konstruiert wird. Es wird vielmehr ein systematischer Blick eingenommen, mit psychoanalytischen Modellen und Konzepten kriteriengeleitet gesellschaftliche Strukturen und Phänomene deutend zu verstehen. Eins der wichtigen Konzepte ist das Phänomen der Übertragung:

> Übertragung heißt, dass Erfahrungen sich szenisch wiederholen, dass schließlich der Analytiker im Lichte unbewusster Erfahrungen, zum Beispiel der Kindheit, erlebt wird. Übertragung der Objektvorstellungen aus der Vergangenheit in die Gegenwart heißt auch Überkreuzung der Zeitebenen: etwas, das in der Vergangenheit als Erfahrung gemacht, der Reflexion aber nicht zugänglich wurde, weil es verdrängt oder abgespalten wurde, reproduziert sich in der Gegenwart – aber so, dass nur aus der Analyse der Gegenwart, der sich in der Analyse entfaltenden Szene, Hinweise auf diese Vergangenheitserfahrungen gefunden werden können. (ebd.)

Deutend für die ökologische Bewegung können hier zwei Übertragungsphänomene identifiziert werden:

1. Minderwertigkeitsgefühle und Aggressionen gegen die eigenen Eltern, die sich in der Opposition gegen die Mächtigen sublimieren.
2. Ohnmachtsgefühle, die eigenen Eltern aus ihrem Drama retten zu wollen und das Scheitern, d.h. dass „nicht-Retten-können" zu erfahren und in den politisch verkleideten Aktivitäten wiederholend zu erleben. Durch diese Übertragung wird gleichsam das Ursprungsgefühl der Minderwertigkeit und Aggression aktualisiert.

3 Das Christusdogma nach Fromm (1984a): Narkotikum für die Massen[1]

Als Ausgangspunkt wird im Essay über das Christusdogma die sozialpsychologische Funktion von Religion dargestellt. Im Zentrum steht die Triebbefriedigung als ein menschliches Grundbedürfnis. Die zentrale Annahme ist dabei, dass sich Menschen in einer seelischen Situation befinden, in der sie sich zahlreiche Triebbedürfnisse in ihrer Erfüllung versagen. Für eine gesellschaftliche Stabilität und einen sozialen Frieden sieht es Fromm (1984a, S. 18ff.) aber als unerlässlich an, dass ein Minimum an Triebbefriedigung möglich ist. Daran hat insbesondere die herrschende Klasse für ihren Klassenerhalt ein erhebliches Interesse. Da sich viele Bedürfnisse aufgrund der sozioökonomischen Lage weiter Gesellschaftsschichten oftmals nicht befriedigen lassen, ist es möglich, bestimmte Triebe als eine „gemeinsame Phantasiebefriedigung“ (ebd. S. 24) zum Ersatz und zur Entschädigung für den Verzicht auszuleben. Für die Psyche, so der Autor, spielt es insbesondere bei libidinösen Impulsen oftmals nur eine nachgeordnete Rolle, ob diese real befriedigt werden oder stellvertretend in der Phantasie.

Ein Grundthema stellt insgesamt die infantile Hilflosigkeit des Menschen dar. Mit dieser Hilflosigkeit entsteht die psychologische Situation der Sehnsucht nach dem schützenden Vater und der Sehnsucht nach den Göttern. Das Geheimnis der Religion kann in ihrer Illusion gesehen werden, den Wunsch nach Schutz und Trost zu erfüllen:

> Wie sich in der Familie das Kind der Herrschaft des Vaters unterwirft, so geschieht dies im Sozialen und Politischen unter die jeweiligen Machthaber. Die mit dieser Unterwerfung einhergehenden Ängste und Frustrationen werden durch die „Liebe“ des Staates (des Vaters) und die Zugehörigkeit zur mächtigen Nation narzißtisch kompensiert und befriedigt. Diese Befriedigungen, welche die Herrschenden den Untertanen bieten, sind libidinöser Natur und spielen sich hauptsächlich in der Phantasie ab. (Levy 2000, S. 19).

Die Analyse des Christusdogmas erfolgt dazu in zwei Schritten. Im ersten Schritt werden die Urchristen und die sozial-politische Gesamtsituation dargestellt (vgl. Abschn. 3.1). Im zweiten Schritt erfolgt ein zeitlicher Sprung auf die Menschen ca. 300 Jahre später und es wird herausgearbeitet, wie sich das Christusdogma hier verändert und welchen (unbewussten) Sinn es dabei

[1] Das folgende Kapitel bezieht sich auf die Darstellung des Christusdogmas nach Fromm (1984a) und gibt die Kernargumente als Voraussetzung für die Analogiebildung deskriptiv wider.

erfüllt (vgl. Abschn. 3.2). Die Grundidee des Christusdogmas lässt sich folgendermaßen zusammenfassen und wird in den folgenden Abschnitten 3.1 und 3.2 herausgearbeitet:

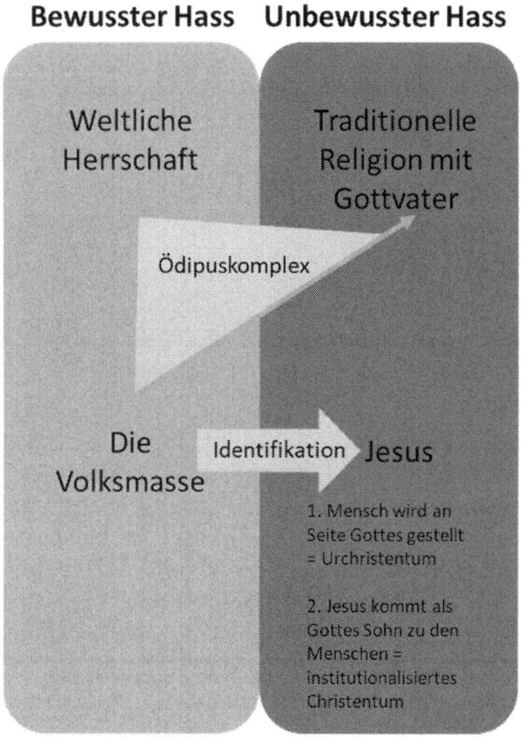

Abbildung 1: Zusammenfassung Christusdogma

3.1 Das Christusdogma der Urchristen: Ödipuswünsche werden in der Phantasie vollzogen

Die Träger des Urchristentums waren das verarmte Proletariat und die unterdrückten Bauern. Diese standen in einem schroffen Gegensatz zu den Pharisäern (Bürgertum) und Sadduzäern (Oberschicht). Das Verhältnis war durch einen Hass der Armen gegen die weltliche Macht geprägt und stellt die Basis für eine religiös motivierte politische Befreiungsbewegung dar (vgl. Fromm 1984a, S. 29). Der Glaube an Christus resultiert nicht aus einer politischen Aufstandsbewegung, sondern aus einer religiös-messianischen

Bewegung bis hin zu apokalyptischen Vorstellungen, wobei Christus nur einer neben diversen Verkündigern war.

> Je aussichtsloser der Kampf gegen Rom in der Ebene politischer Realität wird, je mehr das mittlere Bürgertum sich vom Kampf zurückzieht und zum Kompromiß mit Rom bereit ist, desto radikaler wird die proletarische Masse, desto mehr aber verlieren ihre revolutionären Tendenzen den politisch-realen Charakter und vollziehen sich in der Ebene von religiösen Phantasien und messianischen Schwärmereien. (ebd. S. 31).

Dahinter verbirgt sich die Hoffnung der leidenden Masse, die Not und Ausweglosigkeit ihrer Situation überwinden zu können. Doch je aussichtloser die real empfundene Situation war, umso stärker fand ein Ausweichen in Phantasien statt.

> Psychologisch charakterisiert ist diese Schicht durch das Nebeneinander der Hoffnung auf eine Änderung ihrer Lage, analytisch gesprochen auf einen guten Vater, der ihnen helfen werde, und wilden Haß gegen die Unterdrücker, der im Haß gegen den Kaiser, gegen die Pharisäer, gegen die Reichen und in den Phantasien vom strafenden Jüngsten Gericht seinen Ausdruck fand. Es handelt sich um eine ambivalente Einstellung: Diese Menschen liebten einen phantasierten guten Vater, der ihnen helfen und sie erlösen sollte, und sie haßten den bösen Vater, der sie unterdrückte und quälte. (ebd. S. 36).

Aus dieser Gesamtschau ergibt sich nach Fromm (1984a, S. 37f.) das Bild der urchristlichen Verkündigung. Der Verweis auf das nahende Reich Gottes wird dabei eng mit der Mahnung auf irdischen Verzicht verbunden, weil eine Änderung der sozialen Situation nicht zu erwarten war. Der Glaube der Urchristen kann daher als Wunschphantasie beschrieben werden, die eine reale Wunscherfüllung ins Religiöse verlagert. Herauszustellen ist die Vorankündigung durch Jesus selbst, dass er nach seinem Tode in die überweltliche Position beim Gottvater eintreten werde. Im Weg des Verzichtes und der Aufgabe um die Sorge im weltlichen Leben wird ein Schlüsselmoment sichtbar, dass als Bedingung für den Eintritt in das Gottesreich und die Hoffnung auf die Gnade Gottes gesehen wird. Aus der Tatsache, dass das Christentum eine Religion der Armen war, lässt sich auch ihr demokratischer und brüderlicher Charakter begründen, der dem üblichen Kastengeist und den formalen Rollen etablierter Institutionen widerspricht (vgl. ebd. S. 40).

Psychoanalytisch nimmt die Kreuzigung Jesu, der als Mensch zu Gott erhöht wird eine bedeutende Rolle ein, die Fromm (1984a, S. 44ff.) mit vier Funktionen bestimmt:

1. Gottvater schien als Verbündeter der Herrschenden und Mächtigen, die den Armen den Lebensgenuss und Reichtum vorenthielten und zuließ, dass sie verzichteten und litten. Die Unterdrückten wurden dabei von dem Wunsch getrieben, selbst herrschen zu wollen und sind mit der Aussichtlosigkeit konfrontiert, diesen Wunsch zu realisieren. „So befrie-

digen sie ihre Wünsche in einer Phantasie." (ebd. S. 45). Die Unterscheidung eines bewussten Hasses gegen die herrschende Klasse und einem unbewussten Hass gegen den Gottvater prägt das Christusbild, in dem Jesus als Mensch an die Seite Gottes gesetzt wird. „Dieser Mensch, der zu Gott wird und mit dem sie als Menschen sich identifizieren können, repräsentiert ihre eigenen Ödipuswünsche [...]." (ebd.) Indem ein Mensch zu Gott wird, wird in der Phantasie die Herrschaft der Herrschenden beseitigt und damit erträglich. Die Identifikation mit Jesus ist dabei so zentral, weil er selbst ein leidender Mensch war wie sie und wie tausenden andere, die gedemütigt, niedergedrückt und gekreuzigt wurden wie er. „Wenn sie an den zu Gott erhobenen Gekreuzigten dachten, so war für ihr Unbewußtes dieser gekreuzigte Gott sie selbst." (ebd.).

2. In der alten ägyptischen und griechischen Mythologie spielt das Sterben der Götter immer wieder eine zentrale Rolle. Da die Götter selbst unerreichbar schienen, wurden die Todeswünsche auf deren Söhne übertragen (z.B. Adonis, Attis oder Osiris). „Im Christusmythos wird der Vater im Sohn getroffen und getötet." (ebd. S. 46).
3. Die Urchristen sind erfüllt von Hass und Todeswünschen auf die herrschende Klasse. Diese Klasse als weltliche Autoritäten verkörpern ein väterliches Symbol und Macht. Jesus sühnt mit seinem Kreuztod für diese Wünsche; und die Menschen tun Buße, indem sie sich mit seinem Leiden identifizieren. Sie müssen Buße tun, da psychologisch der Ödipuswunsch ambivalent ist und ein verzeihen bedarf.
4. Die Phantasie der Urchristen kann in ihrer breiten Wirkung in der Eliminierung des Vaters durch eine Identifizierung mit dem leidenden Jesus gesehen werden.

3.2 Wandlung des Christusdogmas 300-400 nach Christus: Institutionalisierung und Instrumentalisierung des Glaubens

Das Christentum, so kann formuliert werden, entwickelt sich ab dem 2. Jahrhundert nicht weiter, sondern wird auf ein völlig neues Fundament gestellt. Der Kreis der Anhänger wandelt sich von den Ärmsten der Bevölkerung zur mittleren und höhergestellten Bevölkerung – den Herrschenden. Die Angehörigen sind auch nicht mehr nur Juden, sondern Angehörige vieler verschiedener Nationen. Der Kerngedanke kann in einer *Instrumentalisierung des Glaubens* für die Herrschenden zusammengefasst werden, der ruhige und pflichtbewusste Untertanen herstellen und sicherstellen sollte.

Im Zentrum stand der Kaiserkult und ein ständisch organisiertes römisches Reich, bei dem die Ärmsten weiterhin einen Weg brauchten, sich mit ihrer Situation friedlich abzufinden (vgl. Fromm 1984a, S. 51ff.). Die Errichtung einer Kirche durch Petrus ist wesentlich für die Umdeutung und Neuformulierung des Glaubensgegenstandes und in ihrer Rolle als staatssichernder Macht. Aus einer Gemeinschaft aus Brüdern und Schwestern erwuchs eine Institution, die mit Hierarchie und Bürokratie parallele Strukturen zum römischen Imperium schuf. Es ging nicht mehr darum zu verkünden „das Reich ist nahe", d.h. alles worum es geht, liege in der Zukunft. Vielmehr wurde Jesus derart installiert, dass das entscheidende schon in der Vergangenheit passiert sei. Jesus selbst war das Wunder. Das Wunder bedeutet dabei, dass sich nicht die äußerlichen Verhältnisse ändern müssten, um glückselig und erlöst zu sein. Es ging vielmehr um die innerlichen Verhältnisse. „Die Hoffnung auf die reale historische Erlösung ist ersetzt durch den Glauben an die schon vollzogene geistige, individuelle." (ebd. S. 55).

Damit ist ein Wandel des Bildes von Christus selbst verbunden. Er wird nun nicht mehr als Mensch angesehen, der zu Gott erhoben wurde. Vielmehr ist Jesus selbst Gott, der zu den Menschen herabkam. Der vaterfeindliche Kern des Urchristentums wurde so aufgelöst, da vermieten wurde, dass der Mensch sich vorstellen konnte, selbst zu Gott zu werden. Das angedeutete symbolische Ödipusverbrechen im Urchristentum wird getilgt, da der Gottvater in seiner Stellung nicht in Frage gestellt wird.

> Die Masse identifiziert sich mit dem Gekreuzigten nun nicht mehr, um in der Phantasie die Entthronung des Vaters vorzunehmen, sondern um dessen Liebe und Gnade zu genießen. [...] Daß Gott zum Mensch ward, wurde Ausdruck der zärtlich passiven Bindung an den Vater. (ebd. S. 58).

Psychoanalytisch wird damit das Paradox der Beziehung des autoritären Vaters gegenüber dem Sohn aufgelöst. Dies geschieht derart, dass einsichtig dargelegt wurde, dass der Vater in seiner Allmacht nicht zu stürzen sei. Als seelischer Ausweg gegenüber so einer Autorität ist im »Sich Fügen« zu sehen, im Lieben der Autorität, die hoffentlich Gegenliebe erfährt.

In der Wandlung des Bildes von Christus liegt auch das entscheidende Moment im Umgang mit der Aggression der Unterdrückten gegen die Herrschaft. Dieses Moment war auch nötig, da die Aggression ja unverändert vorhanden war. Für eine gesellschaftliche Stabilität war es nötig diese Aggression in eine Autoaggression zu verwandeln, die sich in der Selbstaufgabe Jesu für die Menschen offenbart. Sie identifizieren sich in diesem Sinne mit dem Leiden von Christus. Als „[...] ständige Sühne, durch eigenes Leid können sie ihre Schuld wiedergutmachen und die Liebe und Verzeihung Gottes und seiner irdischen Repräsentanten gewinnen." (ebd. S. 60). Die Schuld liegt darin, für das empfundene Leid selbst verantwortlich zu sein und nicht die Schuld in den äußeren Umständen oder den Herrschenden zu suchen. Das

Leiden Jesu hatte aber auch eine psychische Funktion für die Herrschenden sich von der Schuld zu entlasten, die Massen zu unterdrücken. So wie Jesu sich freiwillig dem Joch des Leids unterwarf, so kann „[...] das Leiden der Masse eine Gnade für diese selbst sein [...]“ (ebd. S. 61). Alles was an irdischen Leid dadurch im Leben der Menschen war, wurde in der Phantasie dadurch getilgt, dass auf ein jenseitiges Heil und Glück verwiesen wurde.

4 Alles Nachhaltigkeit: Von der ökologischen Befreiungsbewegung zur herrschaftssichernden Umwelt- und Bildungspolitik

Nicht-ökologisches Handeln vollzieht sich innerhalb der gesellschaftlichen Verhältnisse. Die psychoanalytisch geprägte Studie erscheint dementsprechend dazu geeignet, eine kritische Annäherung an diese Verhältnisse zu ermöglichen, indem man die Handlungsfelder der Praxis der nachhaltigen Entwicklung in den Blick nimmt. Mit Benner (1991, S. 123) kann in dieser Art der Reflexion der Mehrwert darin gesehen werden, dass man die Zweckbestimmung und die Art der Interaktion innerhalb des Transformationsfelds, das durch zahlreiche Aktivitäten geprägt ist, kritisch hinterfragt. Es geht darum im Sinne Fromms (1984a, S. 17ff.) die sozialpsychologische Funktion der nachhaltigen Entwicklung herauszuarbeiten. Dazu ist es erforderlich die maßgeblichen Entwicklungslinien zu skizzieren, um die Wirkung als Narkotikum zur Beruhigung der Massen herauszuarbeiten. Die Vorstellungen zur nachhaltigen Entwicklung, so kann hier formuliert werden, sind nicht das Ergebnis eines vernünftigen Denkens, sondern Illusionen. Dementsprechend soll mit Hilfe der folgenden Abschnitte das Nachhaltigkeitsdogma aus den Bedingungen und Menschen herausgearbeitet werden.

Die Analyse zentraler Transformationsbemühungen stellt dazu einen Ansatzpunkt bereit, da man auf diesem Weg mögliche Diskrepanzen zwischen einem ökologischen Wunschdenken und den spezifisch gesellschaftlichen und ökonomischen Realisierungsbedingungen des Handelns ausloten und theoretisch reflektieren kann. Die dabei zutage tretenden Unterscheidungslinien eröffnen Beobachterperspektiven, um nach konzeptionellen Lücken in der Theoriebildung für eine nachhaltige Entwicklung und der Begründung der ausbleibenden Transformation zu schauen.

Für diese Analyse lassen sich wissenschaftstheoretisch nach Luhmann (1997, S. 1034) zwei große Metaerzählungen identifizieren. Die eine Erzählung sind die systemisch-funktionalen Erzählungen und die anderen die eher fiktionalen und narrativen Ansätze, wozu die Psychoanalyse gezählt wird. Die Theorien, die zwischen psychischen und sozialen Systemen unterscheiden, ermöglichen andere Erklärungsansätze, als narrativ-biographische Ansätze. Besonders in den letztgenannten ist es möglich, individuelle Besonderheiten und ihre Auswirkungen auf das Erleben und das Zusammenspiel in einem sozialen Kontext freizustellen. In ihnen wird das Krisenverhältnis zwischen Individuum und Gesellschaft auf ihre Weise angemessen erfasst. Nach Luhmann (1997, S. 1034) geht es um Themen wie

„(...) Inkommunikabilität des Individuellen, Sinn- und Identitätssuche, Indifferenz gegenüber jedem Schema der Konformität und Abweichung (...)". Es geht darin letztlich um ein Moment, dass im Subjekt auf Abgrenzung bedacht ist und gleichzeitig nach Übereinstimmung sucht. Die Entwicklung von den Anfängen der ökologischen Bewegung zum heutigen Verständnis des Nachhaltigkeitsdogmas kann als solche im psychoanalytischen Sinne als ein Kulturphänomen der „Nicht-Transformation" gedeutet werden.

Der Begriff der Transformation kann zunächst in seiner Bedeutung im Kontext einer Transformations- und Modernisierungstheorie als ein Mehrebenenbegriff gefasst werden. Die Theorien verbinden eine gesellschaftliche Transformation auf der Makroebene mit einer Selbsttransformation auf der Mikroebene:

> Der Begriff ‚Transformation' erfüllt nur dann seinen Sinn, wenn er als Synonym für ‚Übergänge' , ‚Umformungen' , ‚Wechsel' , ‚Umgestaltung' von Gesellschafts-, Ordnungs- und Entwicklungsmodellen, gesellschaftlichen resp. sozialen Formationen [...] gedacht wird. Transformation als Umformung und Wechsel bezieht sich sowohl auf den politischen wie den wirtschaftlichen als auch den kulturellen Bereich. (Reißig 2009, S. 34).

Dementsprechend polarisiert der Begriff Transformation eine intendierte Steuerung und Gestaltung, die einer ungestörten und zufälligen bzw. kontingenten Systementwicklung gegenübersteht. Der mit einer Transformation in Zusammenhang stehende Wandel kann entweder innerhalb bestehender Prozess- und Ordnungsstrukturen stattfinden oder einen Wandel dieser Strukturen als grundlegende Veränderung der bisher bestehenden Muster bewirken oder gar voraussetzen. In der zugespitzten Formel „Immer wieder Transformation" kann sogar ein Verharrungsmoment identifiziert werden, da es mehr um eine Legitimation zu gehen scheint, als um ein wirkliches Handeln (vgl. Abschn. 4.2)

Als Kern des immer wieder postulierten transformativen Musterwechsels formuliert Newig (2013, S. 134 ff.), dass für eine ökologische Transformation das aktive Management des Zerfalls bzw. Strukturwandels durch Abbau zu berücksichtigen ist. Dabei vertritt er die Annahme, dass sowohl die absolute Stabilität eines Systems wie der totale Kollaps ein Grenzfall der Systementwicklung sei. Die Stabilität und den Zerfall betrachtet der Autor entlang der systemtheoretischen Begriffe der Funktion und Struktur. Der Funktionsbegriff beschreibt, dass ein System sich von anderen Systemen durch die Lösung eines spezifischen Problems unterscheidet. Der Strukturbegriff bezieht sich auf existierende Systemelemente und ihre Beziehungen zueinander. In den meisten Analysen bleibt dabei unberücksichtigt, welche Funktion das Nachhaltigkeitsdogma selbst hat.

Der Unterscheidung von Funktion und Struktur ist ein Verständnis inhärent, dass dieselbe Systemfunktion durch unterschiedliche Strukturen ausgeführt werden kann, aber auch, dass verschiedene Funktionssysteme ähnliche Strukturen zum Beispiel in Form von Organisationen bilden. In der

Gegenüberstellung der Begriffe Struktur und Funktion entwickelt der Autor eine Typologie von Veränderungsprozessen, die als kaskadisches Modell innerhalb des Mehrebenenmodells in verschiedenen Ebenen gedacht werden kann. Mit der Darstellung dieser Typologie soll die Grundlage geschaffen werden, dass in einer psychoanalytischen Perspektive das Nachhaltigkeitsdogma quer zu diesen Entwicklungen liegt und gesellschaftlich nicht der Funktion der Transformation folgt oder dient (vgl. Abb. 2 und 3). Innerhalb dieses Modells entstehen vier denkbare Typen von Transformationswegen, denen man konkrete Szenarien einer nachhaltigen Entwicklung zuordnen kann.

Mit Rogall (2004, S. 88 ff.) lassen sich korrespondierend dazu zunächst mindestens drei Szenarien zur Beschreibung der Transformationsbemühungen für eine nachhaltige Entwicklung unterscheiden:

1. Nachhaltigkeits-Szenarien (Typ 1): Mit diesen werden Substitutions- und Konsistenzstrategien sowie Suffizienzstrategien als Ansätze neuer Lebensstile und strukturverändernder Aktivitäten verfolgt. Häufig geht mit dieser Strategie eine Ökonomiekritik einher, die mit der Forderung nach einer Green Economy verbunden wird. Diese Szenarien gehen auf die Anfänge der ökologischen Bewegung und ihrer Rolle als politische Opposition zurück (vgl. Abschn. 4.1).
2. Effizienz-Szenarien (Typ 2): Die Steigerung der Energie- und Ressourceneffizienz durch technologische Entwicklungen steht im Rahmen klassischer umweltpolitischer Maßnahmen im Zentrum dieses Szenariotyps (vgl. Abschn. 4.5).
3. Status-quo-Szenarien (Typ 0): Eine Strategie- und Leitbildentwicklung als bildungs- und umweltpolitisches Programm ohne grundsätzliche Veränderungen der Arbeits- und Lebensweise kann beispielsweise im Konzept der „Bildung für nachhaltige Entwicklung" ausgemacht werden. Im Mittelpunkt steht ein individuumsorientiertes Kompetenzmodell nachhaltiger Entwicklung mit dem deutlichen Fokus auf der Gestaltungskompetenz, die aber offensichtlich nicht zum Gestalten befähigt (vgl. Abschn. 4.6).

Mit der Analyse exemplarischer Handlungsfelder wie Energie, Mobilität oder Ressourcenschonung wird durch den Autor verdeutlicht, dass beispielsweise die Kohlendioxid-Minderungsziele mit den Status-quo-Szenarien und den Effizienz-Szenarien nicht zu erreichen seien. Vielmehr komme es darauf an, Szenarien für eine nachhaltige Entwicklung zu schaffen, bei denen grundsätzliche Veränderungen in der Lebens- und Wirtschaftsweise angestrebt werden. In der Analyse wird auch verdeutlicht, dass es nicht einen Strategiepfad geben kann, der ausschließlich zu verfolgen ist. Denn für eine ökologische Transformation ist ein Zusammenspiel verschiedener Strategieoptionen zu betrachten. Wird auch an verschiedenen Stellen der Ökoeffizienzansätze kritisch bemerkt, dass sie lediglich technologische und nicht soziale Innovationen anstreben, so leisten sie doch einen Beitrag dazu, beispielsweise in der Stromerzeugung den Wirkungsgrad technologisch zu optimieren.

Rogall sieht außerdem das Handlungsfeld echter Nachhaltigkeits-Szenarien mit ihren Konsistenz- und Suffizienzstrategien kritisch. Das Ziel ist hier, eine Lebensstiländerung zu erreichen, die in Verhaltensweisen führen soll, bei denen auf umweltbelastendes Verhalten und Produkte verzichtet wird. Der Aspekt des Verzichts konterkariert jedoch den Anspruch einer steigenden Lebensqualität und das Modell marktwirtschaftlichen Handelns. Aus diesem Grund scheint es diesem Strategieansatz zurzeit an Befürwortern zu mangeln, da „[...] auch die Frage nach den Zielvorstellungen einer nachhaltigen Gesellschaft und den dafür geeigneten Indikatoren [...] weiterhin kontrovers diskutiert“ (Petschow & Pissarskoi 2012, S. 14) wird.

	Struktur Erhalt	**Struktur** Kollaps/völlige Neuorientierung
Funktion Erhalt	Typ 0: Stabiles System Status-quo-Szenarien z. B. BNE	Typ 1: System-Transformation/Anpassung Nachhaltigkeits-Szenarien z. B. Ökonomiekritik/Forderung nach Green Economy
Funktion Kollaps/völlige Neuorientierung	Typ 2: pfadabhängige Neuorientierung Effizienz-Szenarien z. B. klassische umweltpolitische Maßnahmen	*Typ 3: System-Zusammenbruch bzw. völlige Neuschaffung* *Nicht berücksichtigt*

Abbildung 2: Typologie von Veränderungsprozessen
Quelle: Eigene Darstellung in Anlehnung an Newig 2013, S. 142; Rogall 2004, S. 88

Ergänzend zu diesen drei Szenarien wird angenommen, dass man den Typ 3 der Typologie (vgl. Abb. 2) von Veränderungsprozessen ausgrenzt, weil ein totaler Zerfall des Gesellschaftssystems mit der dazugehörigen Wirtschaftsordnung zurzeit nicht vorstellbar erscheint. Dies ist lediglich im Kontext eines Weltuntergangs (vgl. Reichmuth 2010) in Form eines Krieges, einer Klimakatastrophe (z. B. intensiver El Niño) oder Epidemie denkbar, jedoch nicht im Sinne eines planvollen Wandels. Ein wirklich revolutionärer Ansatz, der zu einer grundlegenden Veränderung der sozialen Wirklichkeit führen könne, soll in Anlehnung an Huber (2011, S. 171) auch ausgeschlossen werden, da derzeit weder ein innovativer industrieller Wandel noch eine grundsätzliche Bevölkerungsreduktion als planvolles politisches Handeln vorstellbar sind noch im Sinne des Status-Quo-Erhalts wirklich gewollt sind.

Das Anliegen der vorliegenden Forschungsarbeit ist es daher, die Analyse zunächst auf die ökologischen Transformationsbemühungen innerhalb der bestehenden Wirtschafts- und Sozialordnung als pfadabhängige Transformation im Rahmen struktureller und funktionaler Neuorientierung (nicht Kollaps) als Inszenierung zu fokussieren. Dazu werden in einem ersten Schritt zur thematischen Eingrenzung die drei Szenarien nachhaltiger Entwicklung analysiert, um deren Wirkpotenzial erfassen zu können. Dabei wird herausgearbeitet, dass es einen Shift von der ökologischen Bewegung als eine Art Befreiungsbewegung hin zu einer Verstaatlichung der Nachhaltigkeitsbemühungen gibt, der in der historischen Entwicklung als aufeinanderfolgend angesehen werden kann. Die Entwicklungen greifen ineinander und dienen als Begründungsrahmen, für die „Nicht-Transformation“ und die darin befindlichen psychologischen Momente. Die Abbildung 3 soll dazu die historische Entwicklung der Szenarien zum heutigen Verständnis darstellen. Im Sinne einer politischen Funktionalisierung des ökologischen Moments zum Nachhaltigkeitsdogma wird zwischen einer ursprünglichen Selbststeuerung der ökologischen Bewegung hin zu einer Fremdsteuerung durch ordnungspolitische Maßnahmen unterschieden und eine fließende Entwicklung angenommen:

Die ökologische Bewegung (vgl. Szenario 1) ist nach von Beyme (1978, S. 362) durch zwei charakteristische Merkmale geprägt: Erstens scheint eine eindeutige Klassen- bzw. Milieubasis zu fehlen. Dadurch bleibt die Bewegung charakteristisch gesichtslos und sozial amorph. Das verbindende Merkmal ist allgemein eine unklar abgegrenzte Mittelschicht und keineswegs die politische oder wirtschaftliche Elite. Folglich, haben zweitens, die Gruppen innerhalb der ökologischen Bewegung Schwierigkeiten, sich in das wohl eher übliche Kontinuum von traditionellen Links- und Rechtsparteien einzuordnen. Die Positionen erscheinen daher ambivalent und widersprüchlich als ein „[...] Gemisch aus wertkonservativen, populistischen, sozialistischen und anarchoiden Gedanken [...]“ (ebd. S. 362). In der Konsequenz dominiert eine Position in der Bewegung, die sich an einem Selbstverständnis des Menschen bzw. Bürgers gegen den Staat orientiert.

Schellenbaum (1991, S. 101) charakterisiert dementsprechend aus psychotherapeutischer Sicht die sechziger und siebziger Jahre als eine Zeit, die durch einen Schmerz und die Sehnsucht der Überwindung von Kälte, Brutalität, Ökonomisierung sowie politischen und technologiegetriebenen Machtverhältnissen geprägt ist. Verallgemeinernd spricht der Autor von einer Gesellschaft, die unter den Herrschafts- und Machtverhältnissen litt.

> Die Zukurzgekommenen und Ungeliebten der Nachkriegsgeneration litten am Ressentiment gegen das, was ihnen angetan wurde, also am Narzißmuss einer ständig blutenden Wunde. (ebd.).

Aus den Ressentiments erwuchs eine kollektive Abwehrpose, die sich in der Bewegung der 68er ihren Weg in den Selbstausdruck suchte. Diese Generation suchte einen Weg aus der Unterdrückung und Bedrückung in die Befreiung. Das Sexualität als begleitendes Thema dieser Bewegung offenbar wurde, erscheint dabei nur plausibel. Sexualität ist der Weg zum Körper und zum Lebendigen. „Der Körper erwacht, und mit ihm auch die Sensibilität für die verwundete Umwelt." (ebd. S. 102).

Eine Geschichte der Umweltbewegung nachzuzeichnen stellt sich in diesem Sinne nach Radkau (2011, S. 8ff.) als unmögliches Unterfangen dar, besonders, wenn die Perspektive der Globalisierung des Phänomens der ökologischen Bewegung berücksichtigt werden soll. Die Geschichte des „environmentalism" bleibt trotz der Systematisierungsversuche etwas Gestaltloses, da es keine zusammenhängende Entwicklung gibt. Es gibt vielmehr eine große Zahl von Initiativen, unüberschaubare Einzelfakten. Was sich jedoch ausmachen lässt sind Motivlagen und Muster. Doch auch hier wird davor gewarnt, sich nicht vom linguistic turn ökologischer Kommunikation verführen zu lassen, da Worte und Taten oftmals weit auseinanderliegen. Was bleibt, ist „[...] das Grundgefühl, dass der Teufel im Detail steckt und die wirklich wichtigen Motive oft verborgen oder halb verborgen sind." (ebd. S. 25). Und ein zentrales Motiv scheint zu sein, dass es eben keinen kollektiven Instinkt zur Erhaltung unserer Art oder des Lebens gibt, sondern dass es eher einen egoistischen Instinkt gibt, der das Thema Nachhaltigkeit und Ökologie politisierend nutzt.

Mit dem Brundtland-Bericht von 1987 und den sich anschließenden Klimagipfel in Rio 1992 konstatieren Eblinghaus & Stickler (1998, S. 11) eine zunehmende Popularisierung des Konzepts der „Nachhaltigen Entwicklung". Einheitlich wird auf die ökologischen Probleme verwiesen, die durch Produktion und Konsum der westlichen Hemisphäre entstehen und gleichzeitig auf der Ebene der Herstellungsprozesse und Dienstleistungsprozesse zu lösen sind (vgl. Szenario 2). Einhergehend mit der Vergesellschaftung des Phänomens der Ökologie sehen die Autoren eine zunehmende organisationale und institutionelle Verortung ökologischer Bemühungen im Rahmen von Betrachtungen und politischen Regelungen zur Energie- und Ressourceneffizienz. Es wird dabei ein kritischer Blick eingenommen, weil jede Professionalisierung einer sozialen Bewegung und politischer Opposition in eine Art politische Normalform führe, die zwar in einen Diskurs, aber nicht in eine Problemlösung führe. Dementsprechend nehmen Eblinghaus & Stickler (1998, S. 13) Bezug zu Foucaults Diskurskonzept als Instrument einer Ideologiekritik, weil sie die Annahme vertreten, dass der Diskurs der Ort ist, in dem sich Macht konstituiert, da Denken und Handeln zusammenfällt. In diesem Sinne identifizieren sie in den Entwicklungen zu den EU-Effizienzrichtlinien als politisch eingeführtes Reglement den herrschaftsgesteuerten Diskurs, bei dem es in erster Linie darum geht, Macht zu verteilen. Dieser Diskurs manifestiert sich im Leitbild nachhaltiger Entwicklung und dem

Konzept der Bildung für nachhaltige Entwicklung (vgl. Szenario 3) als funktionales politisches Instrument.

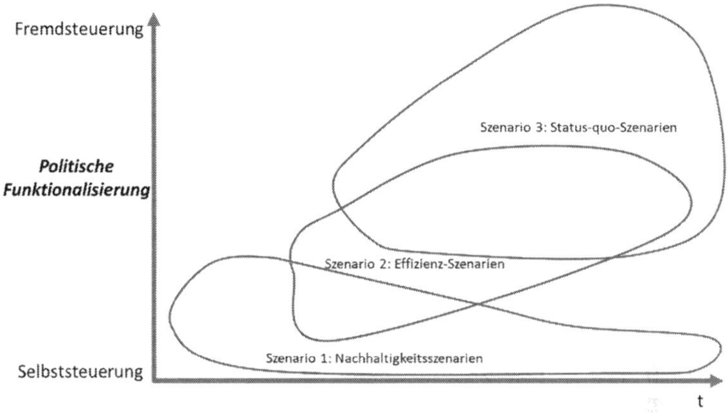

Abbildung 3: Von der Bewegung zur Verstaatlichung nachhaltiger Entwicklung

4.1 Nachhaltigkeits-Szenarien (Typ 1): Ökologische Bewegung und Kritik wirtschaftspolitischen Handelns

Der Privathaushalt kann nach umweltsoziologischen und konsumsoziologischen Gesichtspunkten nicht als verantwortliche Kategorie im Sinne der Forderung nach einem umweltbewussten Verbraucherverhalten gedacht werden. Als Ansatz für eine ökologische Transformation ist er deshalb wenig geeignet. Diese Einschätzung ergibt sich aus der Betrachtung der Marktwirtschaft, die Endverbraucher in Form des Massenkonsums als zentralen Zielpunkt annimmt. Wird auch häufig die Nachfrage durch die Konsumenten als grundlegende Ursache der Umweltverschmutzung identifiziert und die scheinbare Hebelwirkung eines veränderten Konsumverhaltens umweltpolitisch immer wieder als Ansatz verfolgt, erscheint jedoch die Hoffnung in die Wirksamkeit übertrieben.

Dies lässt sich im Wesentlichen damit erklären, dass die Verbraucher als Ursache für die Umweltprobleme zunächst nicht den Verbrauch und die Nachfrage sehen, sondern die Industrie, die die Produkte zur Verfügung stellt:

> Zwar wird allen Beteiligten eine Umweltverantwortung zugeschrieben, aber nicht ein gleiches Wirkungspotenzial. Für das Entstehen von Umweltproblemen verantwortlich gemacht wurde 1990 von zwei Dritteln der Bevölkerung in erster Linie die Industrie, die Landwirtschaft, Energiewirtschaft und Fabrikproduktion. Der eigene Beitrag als Verbraucher wurde zwar am zweithäufigsten

genannt, aber als von geringem Gewicht eingestuft. Auch die Verantwortung für die Problemlösung wurde zu zwei Dritteln bei der Industrie gesehen, zu einem Viertel bei der Politik (vgl. Heyder 1990, S. 349). Zwanzig Jahre später hat sich daran wenig geändert. (Huber 2011, S. 314).

Damit rücken die Politik und die Wirtschaft ins Zentrum des ökonomiekritischen Diskurses. Entsprechend des Wechselspiels aus Markt und Produktion lassen sich mit Giddens (1996, S. 75) zunächst zwei institutionelle Dimensionen der Moderne unterscheiden: Kapitalismus und Industrialismus. Der Kapitalismus steht für das Wechselverhältnis aus Kapitalbesitz und Lohnarbeit sowie die austauschorientierte Entwicklung von Märkten sowohl als Kapitalmärkte als auch als Warenmärkte, die von einem Wettbewerb der Produzenten um Konsumenten geprägt sind. Dieser ist in ein Konzept sozialstaatlicher Wohlfahrt (sogenannte Wohlfahrtsökonomie) eingebettet (vgl. Kleine 2009, S. 27). Der Industrialismus als Institution steht demgegenüber für den konkreten Vollzug wirtschaftlichen Handelns, bei dem mithilfe von Technologie Rohstoffe in Produkte transformiert werden. Die Hauptauswirkung dieser Dimension auf das soziale Zusammenleben ist die daraus resultierende Struktur sozialer Ordnung sowie die prozessorientierte Zergliederung von Tätigkeiten (vgl. Leontév 1977, S. 22).

Die grundsätzliche „Idee" dieser Art des Wirtschaftens entstand infolge des Wirtschaftsaufschwungs nach dem II. Weltkrieg. In dieser Zeit etablierte sich ein Habitus des Wohlstands, der auf Wachstum basierte. Die Ölpreiskrise von 1973, so Eppler (2011, S. 19), führte zudem zu Strategien, die dieses Wachstum sichern sollten:

- Schulden als Konjunkturprogramm
- Privatisierung und Deregulierung

Mit diesen Initiativen etablierte sich ein Marktradikalismus, der über die Parteiprogramme hinweg wiederzufinden war und ist. In diesem Zusammenhang soll kritisch angemerkt werden, dass die moderne Marktwirtschaft nicht in überzeugender Weise grundsätzlich zu verteufeln ist, da sie auch die derzeitig geteilten wesentlichen Voraussetzungen für gesellschaftliche Teilhabe und Mitgliedschaft entscheidend mitträgt, worauf die Ökonomen Goldschmidt & Homann (2011, S. 32) zu Recht hinweisen: „Die Inklusion über den Arbeitsmarkt ist der primäre Mechanismus für ein gelingendes und selbstbestimmtes Leben."

Großkonzerne fungieren in diesem Wirkungszusammenhang als Machtinstanz politischen Handelns, da zum einen über sie der Alltag der Menschen organisiert wird und sie zum anderen zentrale Interessen wohlfahrtstaatlichen Handelns moderieren. Dabei finde vielfach eine Interessenvermischung zwischen Wirtschaft und Staat statt, bei der sich die Rolle des Staates verschiebt. Sie ist primär auf politische und in diesem Sinne auf wirtschaftliche Stabilität ausgerichtet. Durch die Vermischung der Interessen entsteht eine politische Gesamtsituation, bei der sich die Politik an der Umweltzerstörung beteiligt. In diesem Zusammenhang werden beispielsweise Strategien der Investitionen in CCS (Carbon Capture and Storage), Finanzmarktinnovationen und Kohlenstoffmärkte, Lobbyismus von Atomkonzernen im Bereich der Wahlkampfhilfe oder auch Privatisierungen des Gesundheitswesens genannt (vgl. Brangsch et al. 2012, S. 126 ff.).

Ökonomie und Ökologie befinden sich hier in einem Spannungsverhältnis, welches durch eine paradoxe Differenz geprägt ist, die sich nicht zu einer Einheit zusammenführen lässt, wie es scheint. Aus dieser Paradoxie einer Einheit der Differenz von Ein- und Ausgeschlossenen (vgl. Luhmann & Schorr 1988, S. 470) ergibt sich eine Spannungslage für Nachhaltigkeit und Ökologie, weil das dominierende ökonomische Prinzip nicht einfach durch eine wie auch immer geartete Ökologie ersetzbar ist. Es lässt sich vielmehr schlussfolgern, dass es darauf ankommt, das gegenseitige Verhältnis zwischen Ökonomie und Ökologie „neu zu bestimmen" und zusammenzuführen. Mit einem sozialwissenschaftlichen Blick betrachtet kann eine ökologische Lebensweise nicht einfach im Spiegel einer „zerstörerischen" Ökonomie stattfinden, sondern muss eigenständige Operationen und Programme einschließen, die es zu analysieren und zu (re)konstruieren gilt. Kritisch kann angemerkt werden, dass die Ökonomie selbst die Federführung und Mittel für die Absicherung und Legitimation innehat.

Eine Einsicht durch Vernunft, auf welche in der ökologischen Debatte häufig gesetzt wird, hat systemtheoretisch in diesem Sinne keine ethische Qualität. Vernunft folgt vielmehr der Verfahrensrationalität des Systems. Vernunft orientiert sich demnach an den Operationen gesellschaftlicher Kommunikation. Metzner (1993, S. 188) kritisiert daher den Umweltbegriff Luhmanns, da er ausschließlich von Funktionssystemen ausgeht, die sich in den drei Dimensionen „Funktion für die Gesellschaft", „Leistung für andere Funktionssysteme" und „Reflexion als Selbstbezug" auszeichnet (vgl. Treml o.J.). Es fehlt aber in diesem Theoriemodell ein Ansatz, der sowohl eine ökologische als auch eine humane Umwelt ermöglicht und thematisierbar macht, da eine Kommunikation, die sich auf Gesellschaftssysteme bezieht, zwar rational sein kann, für Menschen und Ökologie aber zu völlig irrationalen Ausdrucksformen führen kann. Der systemtheoretische Umweltbegriff bleibt daher in den Paradoxien befangen, da er auf die Selbsterhaltung des sozialen Systems ausgerichtet ist und gleichzeitig eine Zerstörung zulässt.

Das systemtheoretische Argument nach Luhmann verweist aber auch darauf, dass in der Ökologiedebatte nach Nassehi (2009, S. 37) häufig ein „funktionalistischer Fehlschluss" zu beobachten sei. Es wird unterstellt, dass ein Funktionssystem wie das politische System aufgrund seiner symbolisch generalisierten Macht andere Funktionssysteme in Sinne eines steuernden Ein- und Durchgreifens beeinflussen könne. Die bestehende Forderung nach einem starken Staat, wie es Engels (2006, S. 302) formuliert, ist daher vermutlich nicht zielführend und auch nicht funktional. In der funktionalen Differenzierung kann vielmehr eine Form der Diskontinuität gesehen werden, die einen massiven Einfluss auf die Anschlussfähigkeit von Kommunikation hat. So kann die Politik sicher Einfluss auf die Wirtschaft nehmen, aber eben nur unter Aspekten der Wirtschaftlichkeit, wie zum Beispiel die Umsetzung der EU-Energieeffizienz-Richtlinie, die periodische Energieaudits vorsieht, verdeutlicht (vgl. IHK-Berlin 2015, S. 1).

Müller-Christ (2008, S. 228 ff.) veranschaulicht diesen Zusammenhang anhand des ökonomischen Wertekontextes als Frame, der auf Wohlstand ausgerichtet ist und der ökonomischen Rationalität von Effizienz folgt. Der Markt erscheint dabei als wesentlicher Treiber für Wettbewerb und für die normativen Zielsetzungen innerhalb der Unternehmen. Diese Zielsetzungen sind durch das Grundanliegen nach „Überleben" als Minimalanforderung und „Gewinn" als Maximalanforderung geprägt. Der Autor stellt diesem Verständnis den Wertekontext des Leitbildes für nachhaltige Entwicklung gegenüber, welcher auf Generationsgerechtigkeit ausgerichtet ist. Dabei entsteht ein Widerspruch zwischen der ökonomischen Rationalität, die dem Kriterium der Effizienz folgt, und einer im Nachhaltigkeitsdiskurs geforderten ökonomischen Rationalität, die auf Nachhaltigkeit ausgerichtet ist.

Die Folge dieses Widerspruchs ist es, dass es der Nachhaltigkeit an einer anschlussfähigen Zielsetzung für die Unternehmen fehlt. Aus diesem Grund, so schlussfolgert der Autor, findet eine Umcodierung des Nachhaltigkeitsframes auf das Effizienzproblem der Wirtschaft statt: Nachhaltigkeit wird zum Instrument der innerbetrieblichen Effizienzsteigerung, weshalb beispielsweise die angesprochenen Energieeffizienzmaßnahmen auf technologischer Ebene anschlussfähig sind: „Es interessiert einzig, was sich wie und warum (nicht) rechnet. Weil es auf die Differenz ankommt, tun ökonomisch alle Kosten weh, denn sie schmälern das mögliche Plus" (Arlt & Zech 2015, S. 22).

Damit wird der eigentliche Widerspruch zwischen den Wertekontexten und den Notwendigkeiten einer ökologischen Transformation ignoriert. Der Widerspruch lässt sich dabei noch steigern, indem auf die technologisch orientierten Effizienzmaßnahmen hingewiesen wird. Aus wirtschaftspolitischer Sicht erwächst daraus ein ganzer Industriezweig mit Unternehmen, die in der Entwicklung und dem Vertrieb von Energie- und Umwelteffizienztechnologien ihr Dasein am Markt begründen und sichern. Es geht im Sinne einer Sozialen Marktwirtschaft damit auch um eine Sicherung der Arbeitsplätze und eine Aufrechterhaltung des Paradigmas des Wachstums, aber nur in Bezug auf den Mantel der nachhaltigen Entwicklung.

Ansätze einer „Economy of Tomorrow" als Green Economy wie zum Beispiel einer „sozial-ökologischen Gemischtwirtschaft" (Rogall 2004, S. 47 f.), einer „nachhaltigen Dualökonomie" (Loske 2015, S. 46), dem „Ökoliberalismus" (Schrade 1993, S. 35 ff.) oder einer „Wirtschaft der Beständigkeit" (Jaeger 1996, S. 288 ff.) werden deshalb nicht als politischer und ökonomischer Selbstläufer gesehen. Gehen auch die politisch-normativen Forderungen in Richtung einer ökologisch-nachhaltigen Wirtschaft, so beschreibt

Pfaller (2015, S. 16), dass auch die Sozialdemokratie sich mit den Kräften des Marktes, d. h. der Wählerschaft, arrangieren müsse. Als Hauptgrund wird dafür der Wähler gesehen, der die „Strafe des Marktes" (ebd., S. 18) aus Angst vor Exklusion fürchtet. Nicht nur, dass eine wie auch immer geartete Umweltdisziplin einer Form der Freiheitsbeschränkung gleichkomme, auch der reale Verlust von Einkommens- und Konsummöglichkeiten durch nachhaltigen Konsum – das heißt u. a. Verzicht – wirkt abschreckend. Würde eine politische Partei oder Regierung gemäß dem Leitbild für nachhaltige Entwicklung heute entscheiden und handeln, würde dies mit hoher Wahrscheinlichkeit zu einem politischen Scheitern führen. Dies spricht für eine dem Nachhaltigkeitsthema und den Vertretern der ökologischen Bewegung innewohnende psychologische Ambivalenz, die sich im Widerspruch zwischen Talk und Action manifestiert.

Eine Klimakatastrohe in Aussicht zu stellen, erscheint für die Wähler angesichts möglicherweise real steigender Energiepreise viel zu abstrakt und der Verlust der eigenen Mobilität mit dem Auto oder der Verlust der gesamtstaatlichen Wettbewerbsfähigkeit für die Lobbyisten als viel zu einschränkend und bedrohlich, als dass eine politische Wende derzeit wirklich möglich wäre – auch wenn sie erforderlich erscheint:

> Mit einem Mix aus halbherziger Förderung erneuerbarer Energien, beschleunigtem technologischen Wandel (um Material und Energie in Produktionsprozessen effizienter, also kostengünstiger einsetzen zu können) und Appellen, die zu Konsum- und Lebensstilwandel aufrufen, wird der, Krieg gegen den Planeten nicht zu stoppen sein. Solange die Produktion ausgeweitet wird, zehren Skaleneffekte des Wachstums Effizienzgewinne durch ressourcensparende neue technische Verfahren oder Ersatzstoffe auf; dies wird unter dem Begriff des ‚Rebound-Effekts' thematisiert. (Mahnkopf 2015, S. 38).

Eine bedeutsame Rolle für die Entwicklungen spielt auch das Finanzkapital, das eine entsprechende Rendite des investierten Kapitals erwartet. Die dahinterstehende Logik ist auf Kurzfristigkeit ausgelegt und verhindert damit einen radikalen Wandel wirtschaftlichen Handelns, da Investitionen in neue Technologien und Produktionsstrukturen als zu risikoreich erscheinen. Pfaller (2015, S. 16) bringt die Gesamtsituation mit dem Titel seines Beitrags auf den Punkt: „Die Gedanken sind frei, der Weg ist blockiert." Deshalb geht die Ökonomiekritik mit ihrer Forderung nach einem grundlegenden wirtschaftlichen Wandel mit erkenntnistheoretischen Inkonsistenzen einher, weil sie oftmals nicht verwirklicht, wogegen sie sich wendet, oder auch das voraussetzt, wogegen sie sich wendet. Eine Ökonomiekritik, die häufig auch diskurstheoretisch in eine Machtkritik führt, basiere in einer weitergefassten Interpretation Arnolds (2010, S. 78 ff.) selbst auf Macht bzw. ökonomischem Wohlstand.

Dies ist in der Auseinandersetzung des Autors mit dem Werk Foucaults nicht als kritisch zu betrachten, weil es die grundsätzliche Ambivalenz zwischen einer negativ bewerteten Macht und einer demgegenüber positiv bewerteten Freiheit prozessual und professionell aufzulösen gilt, um wandelnde Führungs- und Lernkulturen zu ermöglichen. Ökologie und Nachhaltigkeit müssen dazu als Bildungs- und Selbstbildungsprojekt neu bestimmt werden – und zwar als ein

> [...] nicht mehr länger als ein über jegliche Kritik erhabenes Humanitätsprojekt, sondern als Ausdruck einer historisch sehr spezifischen Vorstellung von Subjektivität, über deren Voraussetzungen sowie Risiken und Nebenwirkungen das nüchterne Nachdenken beginnen sollte [...]. (ebd., S. 81).

Diskurstheoretisch lässt sich daher schlussfolgern, dass der Diskurs zur Kritik der Ökonomie eine legitimierende Sinnstiftungsfunktion einnimmt (vgl. Lederle 2008, S. 132) und damit eine Basis für die Initiativen schafft, die dem Typ 0 (Status-quo-Szenarien) und Typ 2 (Effizienz-Szenarien) Szenarien zugeordnet werden können. Gleichzeitig wird in diesem Nachhaltigkeits-Szenario, dass die nachhaltige Entwicklung auf Ebene der ökologischen Bewegung eher als Illusion zu fassen ist.

Mit Engels (2006, S. 154f.) kann dies damit begründet werden, dass die ökologische Bewegung einen eher „reaktiven Charakter“ mit einem Label der „Politik der Abwehr“ innehat. Insofern erscheint die bundesdeutsche Naturschutzkultur als ein Konglomerat aus Akteuren, Naturraum und Konfliktursachen, welche im Kontext der 70er Jahre verortet wird. Daran kann verdeutlicht werden, dass Naturschutz und eine dazugehörige ökologische Politik immer in die gesellschaftlichen Verhältnisse eingebettet ist und insbesondere vor dem Hintergrund der zeitgenössischen Protesttendenz zu betrachten ist. Ökologie als Thema erscheint so als Protestthema gegen gesellschaftliche Konventionen und politische Meinungsführer. Die ökologische Debatte wird aus sozialpsychologischer Sicht zum Thema innerhalb antiautoritären Denkens. Damit erscheint die Ökologiebewegung auch als eine Bewegung, die Politik von unten macht, weil die klassischen Wege politischer Interessenvertretung und des Lobbyismus dem eigentlichen Motiv der Akteure nicht gerecht werden würden.

Radkau (2011, S. 7) stellt das Motiv in der Faszination dar, die aus der Umweltbewegung erwuchs:

> [...] da wurde endlich ein tiefes Unbehagen auf den Begriff gebracht und politikfähig gemacht, das ich wie unzählige andere seit eh und je empfunden, aber bis dahin nicht politisch zu artikulieren vermocht hatte.

Und doch stellt er die Frage, ob das Ganze nicht eine einfach optische Täuschung sei. In Rahmen einer modernistischen Perspektive kann die Ökologiebewegung einerseits als Ausdruck eines Wertewandels und damit einhergehender Sozialisationseffekte innerhalb des gestiegenen Wohlstandsniveaus interpretiert werden. Ökologisch zu denken und zu kommunizieren gehört dabei gewissermaßen zum guten Ton. Andererseits kann sie aber auch als Ausdruck von Vergesellschaftungsprozessen interpretiert werden. Beide Tendenzen beinhalten Widersprüche, die nicht nur als „Krise der industriellen Revolution" gedeutet werden können, sondern auch eine Krise des Subjekts zum Ausdruck bringen.

Der Aspekt der „Wohlstandshypothese" so Brand (1982, S. 91) kann eine „Defizithypothese" gegenübergestellt werden. Die industrielle Entwicklung hat demzufolge nicht nur Wirkungen auf die natürliche Umwelt, sondern vor allem auch Wirkung auf die psychologische Innenwelt. Das subjektive Moment steht hier inkompatibel einem Gesellschaftsmoment modernen Wirtschaftens gegenüber. In dieser Hinsicht erscheint die ökologische Bewegung doppelbödig, die destruktiven Folgen der industriellen Zerstörung kompensieren und lösen zu wollen. Doppelbödig, weil hinter dem äußerlich faktischen Phänomen der Umweltprobleme und dem Kampf für Naturschutz ein innerlich emotionales Phänomen eigener Deutungs- und Emotionsmuster ausgemacht werden kann. Es lässt sich hier eine Tendenz ausmachen, in der das Eigene immer im Fremden gegenwärtig ist. Aufgrund des Rekonstellierungsgehaltes der Gesamtsituation kann der Eindruck gewonnen werden, als ob die ökologische Argumentation dazu genutzt wird, die Verantwortung für das eigene Befinden an das Gegenüber zu delegieren und das Gegenüber dafür stellvertretend zu bekämpfen. An dieser Stelle verbindet sich die Kognition (das ökologische Argument) mit der Emotion (innerer Aufstand) (vgl. Arnold & Prescher 2011, S. 101f.). Und genau darin, kann das Protestpotential der Bewegung gesehen werden. Naturschutz fungiert hier nicht als Ziel, sondern als Mittel für die eigenen Zwecke, weshalb sie schnell pathetisch wirkt und eine Rhetorik der Superlative im Krisenduktus verwendet.

Im Sinne des ödipalen Konflikts kann das Dilemma der Ökologiebewegung mit Knapp (1991, S.7) auch darin gesehen werden, dass die politische Ökologie vielfach die Rolle der Opposition und in ihrer Argumentation zudem einer „Pose theatralischer Selbstinszenierung" (ebd.) übertriebener Moralvorstellungen folgte. Übertrieben, weil die Moral und die Forderung nach deren Einhaltung vielfach selbst paradoxerweise dem eigentlichen Gedanken der Emanzipation und Mündigkeit widersprachen. Das Hauptdilemma kann darin gesehen werden, dass es der Moral an Gesetzeskraft fehlte und dennoch der Kampf um deren Einhaltung fast als militant zu bezeichnen ist.

Dieser Eindruck wird daran fest gemacht, dass die ökologische Bewegung vielfaltig über Bürgerinitiativen den Umweltschutz adressiert und dadurch in der Position als politische Opposition agierte. Engels (2006, S. 394) identifiziert für das Ende der 70er Jahre diesbezüglich eine Polemik des Generalverdachts gegenüber dem Staat mit wortstarken Anklagen und Angriffen. Hinter dem Umweltschutzanliegen etablierten sich Ausdrucksformen, die der kritischen Theorie zugeordnet werden können. Es wurde hier oftmals das staatliche Handeln angeprangert, weil es der Sicherung von Herrschaft diene, die in erster Linie der Industrie zugutekam. Gleichzeitig wurde aber der Staat trotz der Vorwürfe als verantwortlicher Adressat benannt, um Verordnungen, Grenzwerte, Landschaftsplanungsentscheide usw. sicherzustellen. Der Staat war innerhalb der Bewegung Gegner und Verbündeter. In dieser Polarität wird ein ambivalentes Verhältnis der Akteure gegen die Autoritäten sichtbar, die sie einerseits bekämpften und denen sie sich andererseits unterwerfen wollen (vgl. Schmid & Veichtlbauer 2006, S. 19f.).

4.2 (Wirtschafts-)Ethik in der funktional differenzierten Gesellschaft: Oder warum eine grundlegende nachhaltige Entwicklung ausbleibt

Im Diskurs um die nachhaltige Entwicklung scheint es nicht um eine Nachhaltigkeit i.e.S. zu gehen, sondern um die Sicherung strategisch wichtiger Optionen. Ethische Kommunikation spielt hierbei eine bedeutsame Rolle, da in der heutigen Zeit die Allokation von Marktchancen durch die Unternehmen zunehmend an Bedeutung gewinnt. Dabei muss die Frage gestellt werden, ob ethische Kommunikation ausschließlich ökonomisch Sinn macht (*These: Ethische Kommunikation ist ökonomisch*) oder ob durch den Diskurs die Ökonomie auch mehr ethisch sein kann (*These: Ökonomie ist ethisch*, vgl. Karmasin 1996 S. 109). Aus diesem Grund soll im Folgenden eine funktionale und nicht normative Begründung der Wirtschaftsethik im Zentrum stehen.

Insbesondere unter der systemtheoretischen Annäherungsweise an das Thema, treten Schwierigkeiten bei der *Verhältnisbestimmung von Moral, Ethik und Wirtschaft* auf:

> Die Moral arbeitet mit dem Code gut-schlecht/böse, Achtung – Mißachtung. Die Besonderheit des Codes der Moral besteht nun darin, daß er kein eigenes Teilsystem in der Gesellschaft ausbildet, daß Moral, bezogen auf eine „Person vielmehr vor aller Konstituierung aller Teilsysteme und ihren Codes steht. (Homann 1995, S. 40).

Es bestehen daher Schwierigkeiten der Umformung und Übertragung moralischer Kommunikation in die Kommunikation der jeweiligen Teilsysteme der Gesellschaft. Der Moral kommt eher die Aufgabe der Irritation von Systemen zu, da die Autopoiesis der Systeme nach den jeweiligen Funktionscodes mit ihren Funktionserfordernissen erfolgt und so die Transaktionskosten für das Unternehmen reguliert. Die Beziehung zwischen Ökonomie und Ethik kann daher als Differenz verstanden werden (vgl. Wieland 1991, S. 7).

Prinzipiell lässt sich Ethik definieren als eine theoretische Begründung der Moral, d.h. als wissenschaftliche Disziplin. Moral kann dabei als Kommunikation verstanden werden, die sich mit pathologischen Fällen – Ausnahmefällen wie zum Beispiel ökologisches Fehlverhalten einer Branche oder eines Unternehmens – befasst. Sie ist keine Alltagskommunikation, sondern sie wird gewählt, wenn es notwendig erscheint, der Kommunikation Nachdruck zu verleihen (vgl. Luhmann 1989, S. 5). Es geht in der Ethik um eine Begründungsreflexion von Urteilen, Regeln und Prinzipien, die angeben, was denn erwartet werden darf und woran man sich halten kann. Luhmann sieht in der Ethik darüber hinaus noch eine andere Aufgabe: „Die Ethik kann die Moral nicht begründen. Sie findet sie vor, und sie hat es dann mit der Problematik dieses Befundes zu tun." (Luhmann 1990, S. 360). Moral ist im Sinne Luhmanns ein Code, mit dessen Hilfe in der Gesellschaft Unterscheidungen getroffen werden. Codes kanalisieren die Resonanz von Systemen auf die Umwelt.

> Der Ethik kommt demnach eine doppelte Existenzform zu: Als Spezialphilosophie ist sie die Reflexionstheorie der Moral; als Gefüge von Normen und Werten wirkt sie als moralische Dimension menschlichen Handelns. (Barben & Dierkes 1991, S. 207).

Diese Annahme begründet sich unter anderem darin, dass die Konzeption der Ethik als Lehre von Ethos, als Perfektionsform menschlichen Lebens, im strukturellen Übergang zur Moderne aufgegeben werden musste. Konzepte der normativen Ethik wie das Kant'sche Sittengesetz, die materielle Werteethik der Neukantianer sowie der Utilitarismus scheiterten an der Wirklichkeit (vgl. Luhmann 1988, S. 135). Es hat sich die Illusion aufgelöst, es wäre möglich, überzeugende und intersubjektiv nachvollziehbare Gründe zu finden für ein ethisches Handeln bzw. kristallisierte es sich heraus, dass allein Gutes zu Wollen nicht ausreicht, um Gutes zu tun.

Ein Grundproblem besteht nun darin, dass sich die Ethik einseitig am Guten orientiert. „Die Ethik könnte man sagen, unternimmt den Versuch, selbst gut zu sein (...)." (Luhmann 1989, S. 6). Nur können sich die Regeln sozialer Systeme in einer funktional differenzierten Gesellschaft nicht einseitig am Guten orientieren, da sie den Anforderungen der spezifischen Operationsweise dieser Systeme nicht gerecht werden würde. „Unternehmen sind dazu da, Gewinne zu machen, und wenn sie keine Gewinne machen, hören sie auf zu existieren." (Hauff 1991, S. 82). Der Unterschied von ökonomischer Kommunikation zu moralischer Kommunikation besteht darin, dass diese aus Preissignalen besteht. Die Ökonomie kann also unter theoretischer Betrachtung nicht mit Hilfe moralischer Kommunikation gesteuert werden, sondern steuert sich in erster Linie nach systeminternen Kriterien: Güterangebote signalisieren Zahlungsnachfrage, Güternachfragen signalisieren Zahlungsangebote. (vgl. Luhmann 1988, S. 17ff). Wird Luhmanns Systemtheorie als Ausgangspunkt genommen, so muss Ethik kritisch gedacht vor den Codes der Moral gut/böse von denen anderer Funktionssysteme unterscheiden und gegebenenfalls warnen, da sie den Entwicklungsstand moderner Gesellschaften zu unterbieten droht.

Die gemachten Ausführungen sollen hervorheben, dass

- einerseits Rationalität bzw. auch fortwährende Rationalisierung des gesellschaftlichen und wirtschaftlichen Fortschritts sowie die Motivation zum Handeln betreffend, ethisch motivierte Rückfragen – insbesondere im Hinblick auf die ökologischen Folgen wirtschaftlichen Handelns – hervorruft, denn:
  „Rationalität des wirtschaftlichen Optimierens im Verhältnis von Zweck und Mittel sei aufs Ganze gesehen [nicht notwendigerweise, Anmerkung der Verfasser] rational." (Luhmann 1988, S. 144).
- Andererseits erfordert ein sich veränderndes Werte- und Normengefüge in der Gesellschaft bestimmte ethische Regeln, um Interaktion dauerhaft zu ermöglichen und kommunikative Anschlussmöglichkeiten nicht im Beliebigen verlaufen zu lassen. Ulrich (1989, S. 166) schlägt in diesem Zusammenhang einen Ansatz integrativer Ethik vor, um insbesondere das unternehmerische Erfolgsstreben auf eine Legitimationsbasis zu stellen – gewissermaßen als tragenden Werteboden:

  > „Der integrative Ansatz begreift die normativen Voraussetzungen als konstitutiv für ökonomisch erfolgsbringendes und zugleich lebenspraktisch vernünftiges unternehmerisches Handeln."

4.3 Corporate Social Responsibility als Legitimationsfassade: Scheinheiligkeit als Instrument der Interessenbefriedigung

Die Frage ist nun, warum es eine solche Vielzahl von Publikationen gibt, in denen das Bedürfnis der Wirtschaftsakteure vermutet werden kann, sich verbal mit der Öffentlichkeit zu arrangieren, und ob die Ethik die richtige Adresse ist, die durch das Wirtschaftssystem erzeugten ökologische Probleme in der modernen Gesellschaft zu adressieren und zu lösen. Eine Moralisierung liegt ja, wie bereits gesagt, dann nahe, wenn Situationen als pathologisch erlebt werden, für die andere verantwortlich sind. Und so mag es verwundern, dass das Thema nicht etwa allein von außen an die Wirtschaft herangetragen wurde, sondern von den großen Firmen selbst als Gegenstand der Unternehmenskommunikation entdeckt wurde. (vgl. Wieland 1991, S. 9).

Verdeutlichen lässt sich die Suche nach ethischen Werten an den Risikoproblemen des Wirtschaftssystems in einer sich funktional differenzierenden Gesellschaft, d.h. die prinzipielle Gefahr des Scheiterns aufgrund „falscher" Entscheidungen nimmt zu. Komplexität, Kontingenz und

Selektivität sind, systemtheoretisch formuliert, in diesem Prozess die Hauptprobleme, die eine individuelle und institutionelle Verantwortungsdimension zum Gegenstand ethischer Kommunikationen erforderlich machen. (vgl. Kreikebaum 1996, S. 219).

„Entscheidung ist das, was bei Kommunikationsprozessen innerhalb organisierter Systeme herauskommt; und Teilentscheidung ist das, was den Entscheidungsprozeß in Episoden gliedert und vorantreibt [...]. Es spricht nichts dagegen, solche Prozesse mit Sollwerten ethischer Art zu unterfüttern; oder auch, wie die Professionen, zumindest „unethisches" Verhalten zu markieren und auszugrenzen." (Luhmann 1991, S. 145).

Ethik kann daher als ein Versuch angesehen werden, bestehende Steuerungsdefizite kommunikativ zu füllen. Aufgrund einer moralisch geführten Kommunikation fand die nachhaltige Entwicklung eine juristische und ordnungspolitische Würdigung mit arbeitspolitischen, technologischen und ökologischen Entscheidungen (vgl. Steinmann, Effizienz, S. 159). In diesem Sinne lassen sich ethisches und ökonomisches Handeln ineinander integrieren und gegenseitig nutzbar machen (vgl. Homann 1995, S. 178f).

Zu den prinzipiellen Gegenstandsbereichen wirtschaftsethischer Kommunikation gehören die interne Leistungserstellung, das Handeln im externen Markt sowie die Anforderung der Gesellschaft an ein Unternehmen (vgl. Wieland 1991, S. 11). Zahlreiche empirische Studien zeigen hierbei, dass Unternehmensethik verstanden als ethisches Verhalten der Unternehmen und als ethisches Verhalten in und gegenüber den Unternehmen weder rein individualethisch noch sozialethisch erklärbar ist (vgl. Karmasin 1996, S. 170). Es gibt hier offensichtlich ein Wechselverhältnis zwischen dem Mikro-, Makro- und Mesokosmos menschlicher Rationalität und menschlichen Handelns, welches durch das jeweilige Nutzenkalkül geprägt ist (vgl. Nethöfel 1997, S. 109).

Dabei gilt es herauszustellen, dass sich offenbar nicht alles vertraglich regeln lässt, sondern es bedarf systemexterner Referenzen zur Fortsetzung systeminterner Operationen. Speziell die EU-Energieeffizienz-Richtlinie der EU-Steuerpolitik lassen Auslegungsspielräume zu, so dass diese als unvollständige Verträge angesehen werden müssen (vgl. Wittmann 1998, S. 204). Eine ethisch unterfütterte Kommunikation wie zum Beispiel Werte der Corporate Social Responsibility, Einhaltung der Goldenen Regeln, Integrität usw., kann die Anschlusswahrscheinlichkeit von Kommunikation erhöhen, da nicht systematisch mit einer Verletzung von Normen durch die Vertragspartner und Konkurrenten gerechnet werden muss (vgl. Walter 1998, S. 475).

Wäre dies nicht der Fall, wäre wohl Wirtschaft nicht möglich, da der Kontrollaufwand die Produktivität übersteigen würde – auch in einem Markt der von Angebot und Nachfrage existiert, darf nicht alles käuflich und im Angebot sein. Der Wettbewerb muss in seinen Rahmenbedingungen derart gestaltet werden, dass sich eine Verletzung von Recht und Moral nicht lohnt (vgl. Karmasin 1996, S. 110). Dies kann allerdings auch als eine „Augenwischerei“ angesehen werden, wie die Arbeitsbedingungen beispielsweise in Pakistan, China oder Indien in Relation zu Westeuropa zeigen. Nicht umsonst verfolgen viele Unternehmen wie zum Beispiel Hewlett Packard eine Strategie, Personal abzubauen, umzustrukturieren und zentrale Unternehmensbereiche mehr und mehr nach „Osten“ zu verlagern und lediglich Vertriebsstrukturen in den Hochpreisländern wie zum Beispiel Deutschland zu belassen (vgl. Merten 2015).

Mit dieser Betrachtung wirtschaftlichen Handelns kann ein Unterschied zwischen der Wirtschafts- und Unternehmensethik als Begriffe herausgearbeitet werden. So scheint der Begriff Wirtschaftsethik auf die Ausgestaltung einheitlicher ökonomischer und ordnungspolitischer Rahmenbedingungen abzuzielen, während der Begriff Unternehmensethik eher auf relevante Konflikte in einem Unternehmen ausgerichtet ist. Vertragstheoretisch mag es Sinn machen, diese beiden Formen der Ethik zu unterscheiden. Bei der Betrachtung der moralischen Güter wäre dann allerdings eine theoretische Unterscheidung, wenn schon möglich, so doch wenig ertragreich. (vgl. Osterloh 1996, S. 204). Der Vergleich zum englischen Begriff „business ethics“ lohnt sich hier, da er stärker ein generalisiertes Phänomen als Frage nach der Corporate Social Responsibility behandelt. Die Begriffe der Wirtschafts- und Unternehmensethik werden daher im Folgenden synonym als implizite Verträge auf Basis moralischer Standards verwandt. Wieland definiert:

> Wirtschafts- und Unternehmensethik sind ökonomisch und unternehmenspolitisch gesehen Instrumente zur Implementierung, Steuerung und Kontrolle impliziter Verträge, die auf die Senkung von Transaktionskosten zielen. (...) Es geht nicht um eine universalistische Letztbegründung von Moral.“ (Wieland 1991, S. 15).
>
> „Die Frage nach der Ethik der Unternehmung behandelt eine wesentliche Frage ethischer Ökonomie, nämlich den Zusammenhang zwischen Individualethik und Sozialethik, der einen Ausgleich zwischen dem Wohlergehen (dem guten Leben) des Individuums und dem Gemeinwohl des Metasystems Gesellschaft herstellt/herstellen soll. In einer Gesellschaft der organisierten Komplexität ist es darüber hinaus sinnvoll, auch eine Ethik eben dieser Organisation als strukturelles Problem der Gesellschaft zu behandeln, denn die verselbständigten Folgen des Handelns treten dem Handelnden als individuell nicht veränderbare Institutionen bzw. Sachzwänge entgegen. (Kamarsin 1996, S. 168).

Entscheidend ist immer die Bereitschaft der Mitarbeiter, sich auch dann an die Regeln zu halten, wenn keine unmittelbare soziale Kontrolle besteht. Durch unternehmensethische Maßnahmen kann hier eine gemeinsame Wertebasis im Unternehmen geschaffen werden, die einen verlässlichen Orientierungsmaßstab bietet und so Vertrauen und Loyalität im Unternehmen und in das Unternehmen erzeugt. Eine dafür erforderliche Wirtschaftsethik muss dabei die Defizite einer Individualethik als eine Tugendethik des sog. Einzelunternehmers korrigieren und vielmehr eine Struktur- und

Prozessethik sein. (vgl. Hengsbach 1991, S. 19). Steinmann argumentiert in diesem Zusammenhang für ein dialogisches Prinzip als notwendige Voraussetzung für die Ausgestaltung. (vgl. Steinmann & Gerhard 1992, S. 163).

Ein zentrales Problem kann in der wirtschaftsethischen Kommunikation allein zur Verbesserung der Legitimation eigener Verfahrensweisen gesehen werden. Häufig lässt sich ein Widerspruch zwischen der formalen Struktur einer Organisation und den zusätzlichen Regeln beobachten. Hier kann es zu einer Unvereinbarkeit der Ziele und Zwecke kommen. Meyer & Rowan (1977 zitiert nach Kieser & Walgenbach 2010, S. 45) identifizieren dafür in der organisationalen Praxis zwei „Kunstgriffe (...): Entkopplung und Logik des Vertrauens."

- Entkopplung kann in diesem Sinne als „Legitimationsfassade" (Kieser & Walgenbach 2010, S. 45) beschrieben werden, bei der Organisationen formale Strukturen schaffen, um die Legitimität nach außen zu wahren und nach innen die Aktivitäten aber anders auszugestalten. Auf diese Weise werden mögliche Inkonsistenten vermieden. Brunsson (2007, S. 111) spitzt diese Form der Darstellung als „organized hypocrisy" (Scheinheiligkeit) zu, womit ausgedrückt werden soll, dass ein tatsächliches Verhalten von vorhergehenden Entscheidungen als Form der Kommunikation gezielt abweicht. Insofern kann diese Scheinheiligkeit als Instrument verstanden werden, verschiedene Interessen zu befriedigen.
- Die Logik des Vertrauens bezieht sich auf die „Verwendung des richtigen Vokabulars" (Kieser & Walgenbach 2010, S. 45), so dass die Organisation rational wirkt. Im Sinne des Neo-Institutionalismus wirken in diesem Zusammenhang sogenannte Legitimationsexperten, die als Funktionsträger die Kooperationsbereitschaft glaubwürdig vertreten.

Die Rolle der Scheinheiligkeit kann daran festgemacht werden, dass Aspekte der Wirtschaftlichkeit vor einer Ethik zur nachhaltigen Entwicklung rangieren. Ausgangspunkt ist: „Der Forschungsgegenstand der Ökologie ist die Natur" (Wächter 2004, S. 34). Es geht darum, das Wesen der Natur zu erforschen und Grundannahmen über die Funktionsweise und Beziehungen der darin befindlichen Einheiten zu treffen bzw. abzuleiten. Dennoch ist die Ökologie mit ihren Erkenntnissen eine Wissenschaft, die verkündet und gleichzeitig ungehört bleibt. Publikationen aus den 70er Jahren des letzten Jahrhunderts bis heute kommen zum selben Schluss: „So können wir nicht weitermachen. Was wir tun, ist unverantwortlich" (Eppler 2011, S. 28). Damit entsteht die Frage: Wann fangen wir an? Wie fangen wir es an? Wer fängt an? Ökologie ist damit ein ethisch begründbares Diskursthema. Da wo sich Diskurse beobachten lassen, geht es jedoch immer auch um Macht und eine Sicherung von Herrschaft (vgl. Giddens 1988, S 77ff.).

Der Kapitalismus wird sich in Anschluss an die Argumentation von Eblinghaus & Stickler (1998, S. 156) zwar ökologisch modernisieren, aber nur dahingehend, dass ökologische Problemstellungen innerhalb des Wirtschaftssystems aufgegriffen werden und das Wirtschaftssystem sich in seiner Logik selbst nicht ändert. Die Autoren vermuten dahinter, dass es sich hier nicht um einen „Schritt in die richtige Richtung" handelt, sondern als offener Diskurs vielmehr eine Herrschaftssicherung seitens der Industrie und Industrienationen gegenüber dem Rest der Welt erfolgt.

> Den proklamierten Zielen von Sustainable Development wird sich so nicht um einen Schritt genähert. Weltweite Gerechtigkeit und der Erhalt der Lebensgrundlagen auf dem gesamten Globus bleiben Worthülsen. Sie sind schwerlich nicht als Legitimierung für eben jene Herrschaftssicherung zu begreifen. (ebd.)

Dieser Aussage liegt eine Beobachtung zugrunde, nach der es der Ökonomie nicht um den Schutz der Natur vor den Folgen industriellen Wirtschaftens gehe, sondern um ihr Eigeninteresse zu überleben. Insofern wird eine ökologische Argumentation zwar eingeschlossen, aber es wird keine wahrhafte Systemtransformation stattfinden. Der evolutionäre Wandel bleibt aus.

> Kapitalismus ist nicht vorrangig als Wirtschaftssystem, sondern als Gewaltverhältnis und damit als soziales Programm, Herrschaft zu organisieren, zu verstehen. Es geht um die Verteidigung von Versorgungs- und Dienstleistungsketten, sowie um das Management und Abfedern von Krisen. (ebd. S. 162).

4.4 Herrschaftsförmige Bearbeitung gesellschaftlicher Naturverhältnisse: Naturalistischer Fehlschluss im Konzept nachhaltiger Entwicklung

Zur Erforschung der Ursachen und Wirkungen menschlichen Handelns sowie zum nachhaltigen Umgang mit der Welt wird immer wieder für einen inter- und transdisziplinären Forschungsansatz als Umweltwissenschaft plädiert. Die Wissenschaft der Ökologie versucht dabei, zahlreiche Erkenntnisse aus verschiedenen Wissenschaftsdisziplinen zu verbinden und einer systemisch-ganzheitlichen und dynamischen Sichtweise zuzuführen, um insbesondere Lösungen für Umweltprobleme zu finden. Paradigmatisch ist für die Ökologie als Wissenschaft dazu eine holistische Auffassung, die sicher einen Grund dafür darstellt, warum ihr die Eigenschaft einer präzisen Wissenschaft auch immer wieder abgesprochen wird, da sie selbst einen kritischen Blick auf die Naturwissenschaft als genuinen Kern einnimmt.

Der Trend geht dabei in Richtung einer „Dachwissenschaft" (Stengel 1999, S. 35), die weniger eine Wissenschaft im engeren Sinn zu sein scheint, sondern vielmehr eine allgemeine Weltsicht widerspiegelt bzw. als Bewegung gesehen werden kann. Im Kern geht es darum, Erklärungsmöglichkeiten und Zielperspektiven zu erreichen, die „Ökologie" einerseits als

(Gleichgewichts-)Zustand zu verstehen und andererseits „Ökologie“ als (kontextbezogenen) Prozess vom Gegebenen zu bestimmen (vgl. Fuchs 2005, S. 4 ff.; vgl. Abb. 4).

Die Ökologie kann man nach dieser Auffassung als ein umfassendes Deutungsangebot für die durch den Menschen verursachte Umweltkrise verstehen, was auf einer traditionell ethisch motivierten Kulturkritik aufbaut (vgl. Engels 2006, S. 194). Die Ökologie wird immer wieder dazu verwandt, einen Status quo erhalten zu wollen. Mit ihr wird die eigentliche Verantwortlichkeit für die Folgen eigenen Handelns seitens der Industrie externalisiert. Sie repräsentiert das Bestreben, eine Utopie des Zusammenlebens zu thematisieren, das insbesondere dem Prinzip der Harmonie folgt, wenngleich die dafür nötigen Bedingungen ungeklärt bleiben.

Ein breit angelegter Analyseteil in Fromms (2004) Werk „Haben und Sein“ beschäftigt sich mit den spirituellen und religiösen Wurzeln der Moderne, für das er einen konsumorientierten Habenmodus identifiziert. Mit der Betrachtung der religiösen Wurzeln geht die Analyse zurück bis ins Frühchristentum und der dort manifestierten Unterscheidung von Jesus und Satan, Himmel und Hölle. Paradoxerweise wird hier dargestellt, dass sich Jesus wie andere große „Meister“ immer wieder für die Verkörperlichung des Nicht-Besitzens in der individuellen Lebenspraxis als Voraussetzung einer seinsorientierten, d.h. ökologischen Lebensweise aussprechen, und dennoch das „satanische“ Prinzip des materiellen Konsums und der Herrschaft über die Natur das Wesen der Gesellschaft und Ökonomie dominiert. Was bleibt ist eine Sehnsucht nach Lebendigkeit und der Verwirklichung eines als wahrhaft angenommenen Seins innerhalb der gesellschaftlichen Verhältnisse.

> Die Regulation gesellschaftlicher Naturverhältnisse, also die herrschaftsförmige Bearbeitung der kapitalistischen Produktionsweise inhärenten ökologischen Destruktivität, muss in enger Verbindung mit den makroökonomischen, institutionellen und in den Subjekten verankerten sozialen Reproduktionsmustern verstanden werden. Sie findet also über Institutionen, Normen, Wertvorstellungen, Subjektivierungsprozessen und normalisierten Praxen statt, die die strukturellen Widersprüche über einen bestimmten Zeitraum hinweg prozessierbar machen. Dabei wird die Wahrnehmung von und der Umgang mit Natur hegemonial hergestellt und damit notwendigerweise selektiv. (Brand & Wissen 2011, S. 17f.)

Mit dem Verweis auf die modernen Wurzeln der Religion und dem Blick auf die darin enthaltene herrschaftsförmige Bearbeitung der gesellschaftlichen Naturverhältnisse kann stärker der Fokus auf die soziale Konstruiertheit ökologischer Probleme gelenkt werden. Es geraten hier die gesellschaftlichen Strukturen und sozial verankerten Deutungen in das Zentrum, wodurch jenseits des materiellen Kerns der Problemlage die Subjektivierungsprozesse der Naturverhältnisse analysiert und in ihrer Wirkung auf die ökologischen Folgen interpretiert werden können. Nicht-nachhaltiger

Konsum erscheint dann weniger als Folge eines „unvernünftigen" Handelns, sondern eher als eine Folge tief verankerter Gewohnheiten und Praktiken. Argumente der ökologischen Bewegung erscheinen dann auch weniger vernünftig, sondern als Ausdruck der Sehnsucht, dass eigene vermisste Sein erfüllende Leben zu suchen und zu finden.

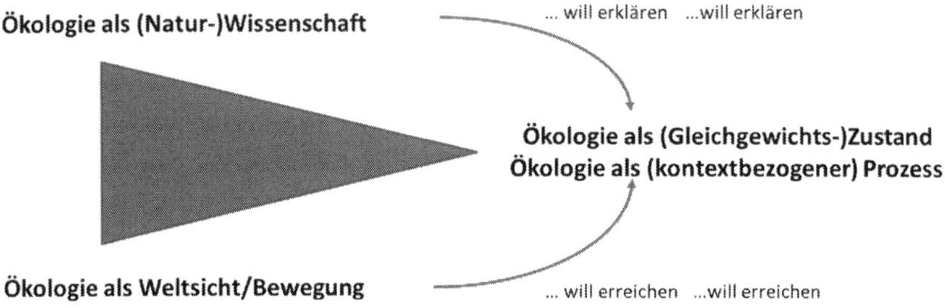

Abbildung 4: Begriffsverständnis Ökologie als Wissenschaft, Bewegung und Gegebenheit

Aufgrund der Popularität, die die Ökologie insbesondere aufgrund ihrer Medienwirksamkeit erlangt hat, ist sie mit der Kritik konfrontiert, vor allem gesellschaftliche und ökonomische Aspekte zu vernachlässigen. Kritisiert wird, dass die Lösungen an den alltäglichen Realitäten und den Lebenskonzepten sowie Verhaltensmustern vorbeigehen, weswegen eine ethisch begründete tatsächliche ökologische Transformation bisher ausbleibt. Diese Lücke soll die Nachhaltigkeitsforschung durch die Entwicklung von Methoden und Konzepten als interdisziplinären Ansatz schließen:

> So formuliert, laufen die Bemühungen zur Transformation der Gesellschaft mittels nachhaltiger Innovation auf die alte Frage hinaus, wie gutes Leben möglich ist. (...) Die Aktualität dieser alten Frage kann entmutigen und anspornen: Sie wurde noch nie zufriedenstellend beantwortet, und darum muss man sie immer aufs Neue stellen. (Rückert-John 2013, S. 305)

Die Dimension der Nachhaltigkeit bezieht sich damit nicht mehr nur auf ein Verständnis von Natur als Bezugsphänomen, sondern auch auf soziale und wirtschaftliche Aspekte. Insbesondere geht es dabei um die Integration von normativen Elementen der jeweiligen Bezugsdisziplin mit den tatsächlichen Lebensrealitäten. Towers und Kohler (2008, S. 297) verstehen Nachhaltigkeit in diesem Sinne als Begriff, der sich historisch nach dem Konzept der Ökologie entwickelt hat. Als zentraler Unterschied wird stärker auf den Menschen und sein Handeln im Nachhaltigkeitskonzept verwiesen.

Während Ökologie als Wissenschaft dem Gewinnen von Erkenntnis über das WAS zu dienen scheint (These: Ökologie als Normensetzung), folgt das Verständnis von Nachhaltigkeit eher der Logik einer Intervention. Einer bestimmten Intervention schreibt man dann eine Wirkung zu. Nachhaltigkeit lässt sich als Element erster Ordnung damit als nachhaltigkeitsbezogenes Handeln verstehen. Als Element zweiter Ordnung kann es dagegen als reflexive Beobachtung über gelungenes Handeln gefasst werden (vgl. Schüßler 2007, S. 13).

Nachhaltigkeit kann man in Anlehnung an Conrad (2000, S. 2) als eine Sammlung bzw. Verdichtung konzeptioneller Ansätze und normativer Prämissen mit unterschiedlichen strategischen Ausrichtungen verstehen, um die Folgen des eigenen Handelns in den Griff zu bekommen. Nachhaltigkeit bezieht sich auf ein gesellschaftliches Leitbild, welches auf einem Entwicklungsprozess gründet, der im ethischen Sinne sowohl positiv verbessernd als auch dauerhaft angelegt ist. Insofern basiert eine nachhaltigkeitsorientierte Entwicklung auf einer gesellschaftlich anzustrebenden Zielvorstellung, die anthropozentrisch angelegt die „(...) Sicherung der menschlichen Existenz, Erhaltung des gesellschaftlichen Produktivkapitals, Bewahrung der Entwicklungs- und Handlungsmöglichkeiten“ (ebd., S. 6) sichern soll.

Mit Blick auf die ökologische Nachhaltigkeit kann man herausstellen, dass die Nachhaltigkeitsforschung im Unterschied zur Ökologie stärker nach dem WIE der normativen Setzungen fragt (These: Nachhaltige Entwicklung als Normenumsetzung), d. h., wie das Naturkapital und die Umweltqualität erhalten werden können. Nachhaltigkeitsforschung bezieht sich so gesehen auf das Konzept nachhaltiger Entwicklung.

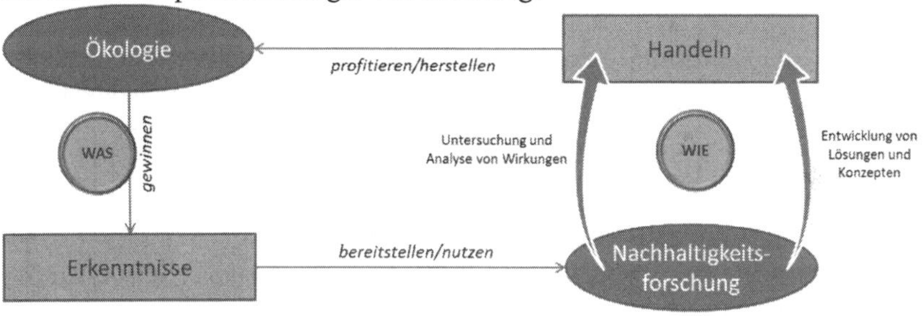

Abbildung 5: Verhältnis Ökologie zur Nachhaltigkeitsforschung

Jedoch kann in der Debatte um eine nachhaltige Entwicklung festgestellt werden, dass ökonomische Zielsetzungen sehr stark im marktwirtschaftlichen Umfeld dominieren und der eigentliche Umweltschutzgedanke an nachgeordnete Stelle rückt. Eine Ursache kann man einerseits darin sehen, dass bis heute das Paradigma des Wachstums als Grundlage der Wohlstandssicherung im Rahmen einer ökonomischen Nachhaltigkeit gesehen wird, andererseits im Nachhaltigkeitsverständnis selbst. Das bezieht sich auf den Brundtland-Bericht, wonach unter Nachhaltigkeit die Sicherstellung der Bedürfnisbefriedigung jetziger und künftiger Generationen verstanden wird (vgl. v. Hauff 1987, S. 46).

Damit ist jedoch in der eher ethisch geführten Debatte nicht hinreichend geklärt, um welche Bedürfnisse es sich handelt bzw. was der Mensch tatsächlich für Bedürfnisse hat, die es generationsgerecht zu befriedigen gilt. Da der Bericht aus der Sicht vieler westlicher Industrienationen verfasst wurde, besteht der Eindruck, der gegenwärtige Status quo wirtschaftlicher Entwicklung solle erhalten bleiben, wobei entsprechend der Ökonomiekritik davon ausgegangen werden kann, dass hier Bedürfnisse erzeugt werden, die gar nicht bestehen, und damit Stoffumsätze generiert werden, die mit einer echten Bedürfnisbefriedigung in keinem Zusammenhang stehen.

Bezogen auf das dahinterstehende Paradigma des Wachstums als Grundlage der Wohlstandssicherung sehen Beschorner et al. (2005, S. 24 ff.) daher in der Verwendung des üblichen Nachhaltigkeitsdreiecks als zentrale Norm nachhaltigen Handelns selbst eine Reihe von Missverständnissen und Fehldeutungen über das Verhältnis der Ökonomie zur Ökologie und zum Sozialen. Es erscheint so, als ob man hier auf normativer Ebene versucht, einen Ausgleich zwischen den Elementen dieser Gleichung herzustellen, da in vielen Darstelllungen und Diskussionen das ökonomische System mit seiner Markt- und Produktionslogik zwar als normatives Zielsystem erklärt wird, es aber scheinbar einer ethisch vertretbaren Legitimation nach außen bedarf, weiter so zu handeln wie bisher. Beschorner et al. (2005, S. 25) sprechen hier von einem „naturalistischen Fehlschluss“, weil das „Sein-Sollende“ aus dem „Seienden“ abgeleitet wird. Das heißt, man hält an der Grundlogik der Ökonomie, die gleichzeitig als Ursache der Probleme dieser Welt identifiziert wird, fest und verharrt in der Denkweise der Modernisierung, indem die Probleme offenen Auges erkannt und als beherrschbar bestimmt werden (vgl. Eblinghaus & Stickler 1998, S. 27).

Im Nachhaltigkeitsdiskurs geht es damit im Wesentlichen um die Frage, wie das bisherige wirtschaftliche Wachstum fortgeschrieben werden kann. Nachhaltigkeit ist demgemäß nur eine Kategorie, die lediglich nach der Sozial- und Ökologieverträglichkeit dieser Strategie fragt, ohne grundsätzlich kohärent und inklusiv aufeinander Bezug zu nehmen (vgl. ebd., S. 50 ff.). Dabei erscheint die Dominanz der ökonomischen Dimension zunächst als konsequent, weil Minsch (1997, S. 301 ff.) als systematischen Ort der Nachhaltigkeit Institutionen identifiziert.

4.5 Effizienz-Szenarien (Typ 2): Steigerung der Energie- und Ressourceneffizienz durch technologische Entwicklungen im Rahmen klassischer umweltpolitischer Maßnahmen

Zahlreiche umweltpolitische Nachhaltigkeitsbemühungen können den Bereichen der großen Transformationsfelder wie Energie, Urbanisierung oder Landnutzung zugeordnet werden. In diesen Bereichen geht es zunächst nicht um die Ebene konkreter Verhaltensänderung (vgl. Bosselmann 1992, S. 114 ff.). Vielmehr liegt die Betonung auf einem Verständnis der Transformation, das eine explizite Gestalt- und Machbarkeit auf struktureller Ebene beinhaltet, wie es zum Beispiel aus dem Rahmenkonzept des BMBF „Sozial-Ökologische Forschung" (BMBF 2000) oder dem Rahmenprogramm „Forschung für Nachhaltige Entwicklung (FONA)" (FONA 2013) erschlossen werden kann. Dabei werden im Wesentlichen zwei Momente betont: der „gestaltende Staat" und „erweiterte Partizipationsmöglichkeiten für seine Bürger" (vgl. WBGU 2011, S. 2). Durch den Wissenschaftlichen Beirat der Bundesregierung für Globale Umweltveränderungen (WBGU) werden darauf aufbauend strategische Perspektiven einer Transformation benannt, die auf eine klimaverträgliche Gesellschaft ausgerichtet sind und als Strategien der Großsystementwicklung im Rahmen umweltpolitischer Maßnahmen innerhalb des oben beschriebenen Schulterschlusses zwischen Wirtschaft und Politik bezeichnet werden können:

- Die polyzentrische Strategie kann als Strategie der Bündelung in verschiedenen Sektoren und Ebenen verstanden werden. Es geht hier um eine „kluge" Kombination bestehender Einzelmaßnahmen und -initiativen zu einer Gesamtstrategie.
- Die fokussierte Strategie konzentriert sich demgegenüber auf große Weichenstellungen wie die Transformationsfelder der Energie, Urbanisierung oder Landnutzung. Insbesondere wird der Versuch unternommen, in die Felder vorzudringen, die bisher durch die sozialen Akteure nicht verfolgt werden und durch die gesellschaftlichen Beharrungskräfte im Status quo gehalten werden.

In der Diskussion um umweltpolitische Maßnahmen für Wirtschaftsunternehmen können innerhalb dieser Interventionslogik drei Ansätze ausgemacht werden:

1. Klassische umweltpolitische Maßnahmen, die über die Gesetzgebung Grenz- und Richtwerte festlegen, ökonomische Instrumente wie Steuern, Fördermöglichkeiten und Gebühren nutzen sowie gezielte

Förderprogramme für lokale, regionale und nationale Nachhaltigkeitsforschung und -initiativen anstreben, um ein umweltorientiertes (betriebliches) Handeln zu fördern.

2. Umweltmanagementsysteme als Ansatz, um im Sinne einer unternehmerischen Selbststeuerung in Kombination mit einer internen und externen Auditierung die Umweltleistungen zu verbessern (vgl. Antoni & Bauer 2005, S. 58). Zu diesen können auch die Umweltmanagementansätze gezählt werden, die niedrigschwelliger für bestimmte Branchen und insbesondere Klein- und Mittelständische Unternehmen ausgelegt sind. Diese Ansätze basieren nicht auf den international gültigen Normen, können aber stufenweise zu diesen weiterentwickelt werden (vgl. Brauweiler et al. 2015, S. 8 f.).
3. Ankele et al. (2002, S. 2) beschreiben das Zertifizierungssystem „EG Umwelt-Audit-System" darüber hinaus als eigenständigen Ansatz, da dieser Ansatz auf der Regulierungsebene anzusiedeln ist, d. h. zwischen den klassischen umweltpolitischen Maßnahmen und den Umweltmanagementsystemen.

Auf konzeptioneller Ebene beschreiben die Autoren die Idee der Umweltmanagementsysteme als einen ganzheitlichen Ansatz, bei dem es prinzipiell möglich erscheint, Ansätze der Organisationsentwicklung (z. B. Strukturen, Kultur und Technologie) und der Personalentwicklung (z. B. Verhalten) aufeinander abzustimmen. Gleichzeitig hinterfragen die Autoren kritisch, ob die Einführung eines Umweltmanagementsystems dies allein leisten könne, um ein umweltgerechtes Betriebsverhalten zu entwickeln:

> Insgesamt wird deutlich, dass zu den vordergründigen Anlässen, sich mit Umweltschutz auseinanderzusetzen, rechtliche Vorgaben und wirtschaftliche Interessen zählen. [...] Den wenigsten Unternehmen geht es darum, eine Umweltorientierung aktiv strategisch in das Unternehmensmarketing einzubauen und weiterzuentwickeln, um hierdurch ein Alleinstellungsmerkmal zu entwickeln (Kastrup 2008, S. 218).

Dennoch kann die Gesetzgebung als wichtiger Impulsgeber für ein umweltbezogenes Management gesehen werden. Der EU-Steuerpolitik wird eine ökologische Lenkungswirkung zugeschrieben, die sich in einem Strukturwandel niederschlägt, wie nach Schmid (2008, S. 104) die Beispiele der Energie- und Umweltmanagementsysteme zur Steigerung der Energieeffizienz verdeutlichen. Insgesamt sind damit einhergehend durch rechtliche Regelungen in den Dimensionen Luft/Lärm, Wasser, Abfall und Produkte seit den sechziger Jahren zahlreiche Verordnungen und Gesetze verabschiedet worden (z. B. Abfallbeseitigungsgesetz, Abwasserabgabengesetz u. a. m.), die die Unternehmen zu befolgen haben. Allerdings wird auch kritisch angemerkt, dass ein Verstoß oftmals mit Geldstrafen belegt wird, welche von den Unternehmen billigend in Kauf genommen werden. Außerdem wird kritisch gesehen, dass Unternehmen sich Umweltzertifikate zum Verbrauch von Ressourcen und der Emission von Schadstoffen kaufen können und sich eine Praxis des Öko-Ausgleichs etabliert habe, wonach umweltschädliches Handeln der Unternehmen durch Naturschutzprojekte kompensiert werden könne (vgl. Fooken 1999, S. 28). Ein Beispiel für diesen Öko-Ausgleich sind die Gold Standard-Minderungsprojekte von atmosfair.de. Diese führen beispielsweise dazu, dass das Öko-Institut e. V. damit Werbung macht, dass seine Mitarbeiter durch entsprechende Kompensationsmaßnahmen scheinbar klimaneutral mit dem Flugzeug reisen (vgl. Öko-Institut 2015).

Die Tendenz, Umweltmanagementsysteme zu installieren, wird durch Fooken (1999, S. 30) als adaptive Strategie oder auch additiv-funktionale Strategie beschrieben. Diese dient zwar dazu, die gesetzlichen Anforderungen zu erfüllen, leiste aber kaum einen Beitrag zu einem umweltsensibleren Wirtschaften. Wird den Umweltmanagementsystemen auch ein potenzieller Innovationsüberschuss auf struktureller Ebene zugeschrieben (vgl. Becke et al. 2001, S. 12), geht es im Wesentlichen doch darum, Beauftragte für Immissionsschutz, Gewässerschutz oder Abfall auf der Ebene der Facharbeiter und Meister zu institutionalisieren. Dabei „[...] verfestigt diese Organisation des betrieblichen Umweltschutzes das an Grenzwerten orientierte Reparaturdenken und fördert nicht die Hinwendung zum Vorsorgedenken" (Fooken 1999, S. 34). Bei dieser Art des adaptiven Vorgehens ist deutlich zu beobachten, dass technische Umweltschutzmaßnahmen vor organisatorischen und personellen Maßnahmen rangieren.

„Echte" innerbetriebliche Lernprozesse werden daher nicht adressiert. Lernprozesse meint Veränderungen, die das Wertesystem des Unternehmens und der Mitarbeiter und grundlegende Kompetenzen zum ökologischen Handeln im eigenen Arbeitsbereich zum Gegenstand haben. Mit dem Beitrag von Dyllick & Hummel (1996, S. 33) lässt sich daher insgesamt die Notwendigkeit darstellen, die Ansätze der Umweltmanagementsysteme in ein Managementsystem wie zum Beispiel das St. Galler Managementkonzept zu integrieren, da die ökologische Leistungsbereitschaft auf der Verhaltensebene sonst zu stark vernachlässigt sei. Im St. Galler Modell werden die Struktur-, Aktivitäts- und Verhaltensdimensionen operativer, strategischer und normativer Unternehmensführung und -entwicklung beschrieben. „Die Säule der Strukturen" im St. Galler Managementkonzept wird durch die standardisierten Systeme wie EMAS (Eco-Management and Audit Scheme) oder ISO 14001 (internationale Umweltmanagementnorm) weitgehend abgedeckt. Die organisatorische Aufbaustruktur nimmt einen großen Raum innerhalb dieser Systeme in Anspruch. Ebenso werden die Elemente Umweltpolitik und Umweltprogramme, beides Module der „Aktivitätssäule", sowohl bei EMAS als auch bei ISO 14001 explizit gefordert.

In diesem Sinne der Strukturorientierung subsumiert Sommer (2007, S. 59) als Zentrum der Bemühungen um eine nachhaltige Entwicklung das Verständnis einer materiellen Transformation (z. B. Produktions-, Reduktionsprozesse) und einer raum-zeitlichen Transformation (d. h. Logistikprozesse wie z. B. Transportprozesse) in Bezug auf Wertschöpfungssysteme. Es werden dazu zwei Ansatzpunkte für den Umweltschutz identifiziert. Der erste Ansatzpunkt bezieht sich auf den Einsatz natürlicher Ressourcen und der zweite darauf, die Zusammensetzung des hergestellten Produkts gezielt zu verändern. Das zugrunde liegende Umweltschutzverständnis ist ein prozess- und produktbezogenes Umweltschutzverständnis. Kritisch merkt Sommer (2007, S. 60) an, dass die betrieblichen Grenzen eines Umweltschutzes erreicht seien und vielmehr die umweltbezogenen Kooperationen für zusätzliche Innovationen stärker berücksichtigt werden müssten. Dabei liegt der Fokus im Wesentlichen auf technologischen Innovationen. In Bezug auf das Thema Supply-Chain-Management scheinen soziale Innovationen nicht berücksichtigt zu sein. Dies kann daran liegen, dass Wertschöpfungsprozesse und damit das Verständnis von Transformation durch die Betrachtung physischer Stoffströme gekennzeichnet sind.

Neben dem Innovationspotenzial stellt Lehmann (2003, S. 321) jedoch heraus, dass Umweltmanagementsysteme in der Akzeptanz aufgrund ihrer stark formalisierten und bürokratischen Natur bei den Unternehmen insbesondere bei kleinen und mittelständischen Unternehmen an ihre Grenzen stoßen und insbesondere „[...] die wirkliche ökologische Leistungsfähigkeit von Umweltmanagementsystemen [...] nach wie vor fragwürdig [ist, Anm. des Verf.]" (ebd.). So zeigt die Statistik für das Konzept EMAS, dass in den Jahren 2005–2015 der Trend von EMAS-zertifizierten Organisationen von 1491 auf 1218 leicht rückläufig ist (vgl. DIHK 2015, S. 3). Antoni & Bauer (2005, S. 58) beschreiben für das Jahr 2000, dass die gesellschaftliche Durchdringung teilnehmender Organisationen und damit im Zusammenhang stehender Mitarbeiter bundesweit als gering einzuschätzen ist. So seien es nur 3,5 % aller erwerbstätigen Personen (die Gesamtbewertung mit anderen Systemen wie DIN ISO 40001 oder 50001 [internationale Energiemanagementnorm] ist an der Stelle nicht möglich), die im Rahmen von Umweltmanagementsystemen organisiert sind.

Die verhaltensorientierten Aspekte eines ganzheitlichen Umweltmanagements werden neben der strukturellen Seite im Sinne des St. Galler Managementkonzepts weitgehend durch Umweltmanagementsysteme vernachlässigt (vgl. Pischon 1999, S. 222). Das erscheint insofern als misslich, als ein nachhaltigkeitsorientiertes Lernen als solches bezeichnet wird, wenn auf eine dauerhafte Verhaltensänderung der Akteure abgezielt wird:

> Grundsätzlich soll im Folgenden dann von nachhaltigkeitsorientiertem Lernen gesprochen werden, wenn Akteure dauerhafte Verhaltensänderungen zeigen, die auf eine veränderte Wissensbasis infolge reflexiver Prozesse zurückzuführen sind und dabei das Konzept der Nachhaltigkeit als Zielrahmen zugrunde gelegt und entsprechende Verbesserungen erwirkt wurden. (Siebenhüner & Arnold 2006, S. 321).

In den Verordnungen von EMAS und ISO 14001 sind nach Hemkes (1995, S. 9) zudem die Arbeitnehmer der Unternehmen nur unzureichend in der Mitbestimmung und Mitgestaltung bei der Einführung von Umweltmanagementsystemen berücksichtigt. Es fehle an einer Thematisierung einer notwendigen Qualifizierung sowohl im Kontext der konkreten Tätigkeit als auch in Bezug auf grundlegende Fragen und Kenntnisse des betrieblichen Umweltschutzes. Dabei wird herausgestellt, dass gerade die Mitbestimmung und Mitgestaltung eine wesentliche Säule für die Entwicklung und Umsetzung eines betrieblichen Umweltmanagements sein kann. Hier soll aber nicht das Fehlen solcher Maßnahmen festgestellt werden, sondern darauf verwiesen werden, dass es bei der nachhaltigen Entwicklung nicht um Umweltschutz geht, sondern um eine Beruhigung der Massen.

Mit Heinrichs (2001, S. 56) kann dies anhand zweier Entwicklungsmomente des Gesellschafts-Charakters nachvollzogen werden. Während im 19. Jhd. ein Wirtschaftsmodell im Modus der Konkurrenz und Ausbeutung vorherrschte, identifiziert er nach Fromm (1989, S. 73) einen Marketing-Charakter. Dieser ist dadurch geprägt, dass anstelle des Konkurrenzkampfes der Wunsch nach Sicherheit dominiert und eine anonyme Autorität der öffentlichen Meinung an Bedeutung gewinnt. Die Billigung und Legitimation von außen durch die Gesellschaft und gegenüber der Gesellschaft spielt für das Handeln eine maßgebliche Rolle.

Somit kann geschlussfolgert werden, dass es nicht um eine Transformation als „echte" Verhaltensänderung oder Kursänderung der Gesellschaft geht. Insgesamt wird bereits 1995 das Fazit gezogen, dass sowohl innerhalb der Verordnung als auch innerhalb der Weiterbildungsangebote betrieblicher Umweltbildung der Faktor Arbeitnehmer ignoriert werde. Es finden sich lediglich Bildungsangebote, welche die Führungskräfte und entsprechende Beauftragte adressieren – wie die Umweltschutzfachkräfte, beauftragten und -manager, die eine unternehmerische Querschnittsfunktion wahrnehmen (vgl. Petersen 1997, S. 12). Die Zielgruppe der sonstigen Beschäftigten wird eher zum Gegenstand von Mitarbeiterinformationssystemen gemacht, was in der Praxis überwiegend in den Bereich der Vorbereitung und Einführung eines Managementsystems anzusiedeln ist. Der „allgemeine" Arbeitnehmer kommt insgesamt jedoch in den Weiterbildungsangeboten weder als Adressat noch als Akteur des Umweltmanagements zum Tragen, wie Hemkes (1995, S. 11) Darstellung verdeutlicht.

Fichter (1995, S. 53) weist dementsprechend darauf hin, dass neben den Mitarbeitern, die aufgrund ihrer Tätigkeiten einen unmittelbaren Bezug zur Umwelt haben, auch Mitarbeitergruppen mit indirektem Bezug an Maßnahmen der Umweltbildung teilnehmen sollten, um neben einer adaptiven bzw. additiv-funktionalen Strategie eine echte integrative Strategie nachhaltigen Wirtschaftens zu erreichen. Dazu können u. a. Mitarbeiter der Beschaffung, des Vertriebs, der Logistik oder auch der Entwicklungsabteilung gehören.

Ohne diese Beteiligung und eine Verankerung auf der normativen und strategischen Ebene der Unternehmensführung, verbleibt die Einführung eines Umweltmanagementsystems auf der operativen Ebene, wie Pischon (1999, S. 219 ff.) kritisch anmerkt. Ein damit zusammenhängendes Lernen stellt sich in Anlehnung an Batesons (1985, S. 327) als ein single loop learning dar, was lediglich eine Anpassung an rechtliche Vorgaben darstellt. Die Gestaltung tatsächlicher Veränderungen als double loop learning oder deutero learning bleibe hier aus, wie auch Ankele et al. (2002, S. 34) in ihrer Untersuchung die Situation zusammenfassen.

Als Fazit kann festgehalten werden, dass es mithilfe der Umweltmanagementsysteme bisher nicht wirklich gelungen zu sein scheint, kontinuierliche Verbesserungsprozesse und ein organisationales Lernen in die Organisationen zu holen. Diese Strategieperspektiven thematisieren die handelnden Subjekte in den Unternehmen vor Ort nicht. Sie gehen eher von einer Logik der Intervention aus, die in der empirischen Perspektive die Bedeutung der Subjekte in Transformationsprozessen vernachlässigt. Vernachlässigt wird die Person mit ihrer Erfahrung. Diese Vernachlässigung des subjektiven Moments kann als kritisch betrachtet werden, weil bildungstheoretisch das Verhalten als eine Funktion der Erfahrung anzusehen ist. „Erfahrungen und Verhalten stehen immer in Relation zu irgendjemand oder zu irgendetwas als dem Selbst“ (Laing 1972, S. 19), denn es bestimmt wesentlich wie die Wirklichkeit durch die Person konstruiert wird und wie sie auf diese bezogen handelt.

In Schlussfolgerung aus den auffindbaren Forschungsvorhaben zum Zusammenhang der Einführung von Umweltmanagementsystemen und der Wirkung auf das organisationale Lernen lässt sich feststellen: Die Forschungsvorhaben stammen weitestgehend aus den späten 1990er Jahren und dem ersten Jahrzehnt dieses Jahrtausends. Sie kommen im Wesentlichen zu dem Schluss, dass kein echtes Lernen zu beobachten ist. Dass dazu keine neueren Forschungen vorliegen, lässt darauf schließen, dass in den Unternehmen keine weiteren Aktivitäten in diese Richtung erfolgen und die Attraktivität des Themas für die Wissenschaft und Politik dahingehend stark abgenommen hat. Sie scheinen ihre Funktion erfüllt zu haben.

Es entsteht der Eindruck, dass das entscheidende für eine nachhaltige Entwicklung nicht noch zu tun ist, sondern bereits in der Vergangenheit getan wurde. Das Nachhaltigkeitsdogma erfährt in dieser Phase ein völlig neues Fundament. Nicht die Anhänger einer Mittelschicht solidarisieren sich, sondern die Herrschenden aus Politik und Wirtschaft übernehmen den Gedanken einer nachhaltigen Entwicklung. Als Legitimationsfassade instrumentalisieren sie ihn ganz im Sinne des gesellschaftlichen Marketing-Charakters. Durch die Institutionalisierung nachhaltiger Entwicklung und die damit zusammenhängenden Botschaften wird immer wieder verdeutlicht, dass sich die Menschen und die Gesellschaft äußerlich nicht ändern müssen. Der parallellaufende Trend der Selbstoptimierung (vgl. Draheim

2012, S. 13ff.) als Anthropotechnik (vgl. Sloterdijk 2009) innerhalb der zunehmend als erschöpfte Gesellschaft (Grünewald 2015) beschriebenen Verhältnisse verlagert die Entwicklungsnotwendigkeit auf die inneren Verhältnisse. Der vaterfeindliche Kern der ökologischen Bewegung wird damit aufgelöst, da der zerstörerische Vater zum sich kümmernden und sorgetragenden Vater wird. Die Herrschenden müssen daher nicht in Frage gestellt werden. Der mediale Trend, Natur immer wieder zu thematisieren und zum Beispiel über die Bio-Strategie zu produktisieren und somit ins Bewusstsein und die Haushalte zu holen eröffnet symbolisch die Möglichkeit Natur nicht mehr als etwas Entrücktes wahrzunehmen. Natur wird zum Teil des kulturellen Lebens, Natur und naturbezogene Produkte werden quasi zu einer neuen Religion. In der medialen Inszenierung von Natur wird dann auch eine Art Buße der Herrschenden sichtbar. Sie wissen um die Zerstörung und Ausbeutung der Natur und Massen. Durch die positive und sehnsuchtserfüllende Inszenierung von Natur entlasten sie sich von dieser Schuld, da optionale Sehnsuchtspfade symbolisch in Produkten und Dienstleistungen erfüllt werden (vgl. Abschn. 5.2).

Obwohl das Vertrauen in die christliche Religion in der westlichen Hemisphäre sinkt, ist ein Bedürfnis nach Religiosität und Glauben beobachtbar. Die Konsumgesellschaft und ihr Erhalt durch die Herrschenden als rahmengebendes Konstrukt spielt in der Religiosität eine wichtige Rolle, da sich Menschen über Konsumwaren definieren, ja die Gestaltung des Konsums selbst zur Religion wird bzw. eine Neuinterpretation von Religion erforderlich macht (vgl. Pucher 2013, S. 128f). Bedeutsam ist dafür Fromms (1999, S. 245) Einschätzung der westlichen Kultur, in der eine monotheistische Religion und atheistische bzw. agnostische Philosophien vorherrschen. Damit verbindet der Autor die Annahme, es habe sich ein moderner Götzendienst entwickelt, den er als Totemismus bezeichnet. Totemismus versteht sich im religiösen wie im sozialen Sinne als das „Anbeten" geheiligter Sinnbilder, nur dass diese Sinnbilder neue Formen annehmen wie zum Beispiel die Natur als Sinnbild der Sehnsucht nach Ursprünglichkeit. Hierin lässt sich ein Shift ausmachen, bei dem die Schutzbedürftigkeit der Natur eine nachrangige Bedeutung erfährt. Mit der Natur verbinden sich beispielsweise für die Kosmetikindustrie

- „Spaß, Freude und Zuversicht schenken.
- Zeit für gute Gefühle und gute Nachrichten.
- Sehnsucht, ein gutes Leben zu führen." (Wippermann 2012, S. 29).

Sichtbar wird dabei, dass solche Orientierungen einen maßgeblichen Einfluss auf das Handeln der Menschen haben, weshalb ihnen eine religiöse Qualität zugesprochen werden kann. Hier lässt sich schlussfolgern, dass sich die Masse mit der verkauften Natur identifiziert und darin die eigene Natürlichkeit und Ursprünglichkeit sucht und findet. Psychoanalytisch wird damit das Paradox der Beziehung der Menschen gegenüber den Autoritäten, d.h. dem autoritären Vater aufgelöst. Dies geschieht derart, dass einsichtig dargelegt wird, dass das Väterliche nicht nur nicht im Rahmen einer politischen Opposition als ökologische Befreiungsbewegung zu stürzen ist, sondern die Herrschenden für die Befriedigung der Bedürfnisse und die Erfüllung der Sehnsüchte eintreten. Konsum erscheint hier als seelischer Ausweg.

In diesem Moment liegt eine Wandlung des Ursprungsgedankens der ökologischen Bewegung als kämpferische Opposition. Die Orientierung auf Konsum reguliert den Umgang mit den eigenen Aggressionen, die ja unverändert vorhanden sind. Die Logik der zentralisierten Steuerung und Produktisierung der Natur im Nachhaltigkeitsdogma wandelt die Aggression in eine Selbstaggression. Konsum erfordert zunächst eine Anpassung durch Arbeit und Leistung. Arbeit kann als psychologische Nahrung für Anerkennung und Selbstbestätigung angesehen werden (vgl. Willi 2005, S. 43). Die damit verbundenen Elemente von Wettbewerb als Karriere und Employability zur Vermeidung von Ablehnung und Exklusion stellen hier sozialisatorische Faktoren dar. Das was im Christusdogma als eine Identifikation mit dem Leiden von Jesus als Moment der Selbstaufgabe beschrieben wird, findet seinen re-entry in die moderne Gesellschaft über das Moment der Selbstverantwortung bei gleichzeitig ansteigender Unsicherheit über die Arbeitsbedingungen und Lebensumstände (vgl. Roth 2012, S. 11). Das veränderte Moment der Natur, so die Schlussfolgerung, tilgt diese Unsicherheiten und das damit verbundene Leid symbolisch, weil immer wieder medial auf das darin zu findende Glück und Heil verwiesen wird, wie die noch folgende Analyse der erkenntnistheoretischen Inkonsistenzen der Begriffe Kultur und Natur noch aufzeigen wird.

4.6 Status-quo-Szenarien (Typ 0): Strategie- und Leitbildentwicklung als Shift zur Verinnerlichung von Natur

In der Debatte um eine nachhaltige Entwicklung beschreibt man Bildungskonzepte als ein funktionales politisches Instrument (vgl. Becker 2001, S. 376 ff.), um eine möglichst wirksame Auseinandersetzung mit dem Nachhaltigkeitsleitbild auf der Ebene des Individuums zu gewährleisten:

> Das Hauptanliegen von BNE liegt darin, Lernenden den Erwerb von Wissen und Kompetenzen zu ermöglichen sowie Einstellungen zu entwickeln, die es gewährleisten sollen, dass auch künftige Generationen eine lebenswerte Welt vorfinden. (Bormann 2013, S. 269).

Ein zukünftiges nachhaltigkeitsorientiertes Handeln wird dadurch als machbar angenommen, wenn insbesondere die Jugendlichen im schulischen Bereich heute an die Thematik herangeführt werden (vgl. LANDESSTIFTUNG

Baden-Württemberg 2009, S. 7). Im Sinne dieser politischen Instrumentalisierung wird das Verhältnis von Pädagogik und Gesellschaft im Modus der Machbarkeit ins Spiel gebracht: „Die Pädagogisierung eines gesellschaftlichen Problems setzt regelmäßig dann ein, wenn für politisches Handeln kein Ansatz gefunden oder ein Konsens zu erreichen ist" (Radtke 1995, S. 856).

Proske (2002, S. 279 ff.) beschreibt dementsprechend, dass verschiedene gesellschaftliche Problemlagen in pädagogische Probleme und Aufgaben transformiert werden und dass das pädagogische Handeln sich gleichzeitig aus den klassischen Institutionen der Erziehung ablöst. Es wird die Hypothese formuliert, dass eine solche gesellschaftliche Pädagogisierung als ein funktionales Äquivalent zur Steuerung von sozialen Systemen angesehen werden kann. Als wichtiger Bezugspunkt dient hier die soziale Systemtheorie nach Luhmann (1997), um die Bedeutung von Werten und Normen für eine moralische Kommunikation angesichts ihrer Wirkungslosigkeit in funktional differenzierten Gesellschaften zu reflektieren. Formen pädagogischer Intervention sollen letztlich die gezielte Beeinflussung von Bewusstsein und Handeln gewährleisten können:

> Deren Verbesserung soll die Gesellschaft als Ganze verändern. In diesem Sinne wird in Pädagogisierungsprozessen die Pädagogik zum Platzhalter der Moral in der moralisch dezentrierten Gesellschaft. Mit ihr lassen sich im Kontext des Dritte-Welt-Problems moralische Ansprüche in der Gesellschaft kommunizieren, die ansonsten offenbar über keine Adresse mehr verfügen. In ihrer Absicht, die Gesellschaft durch Erziehung und (Selbst-)Bildung zu verändern, repräsentieren gesellschaftlich entgrenzte pädagogische Kommunikationen den re-entry der in funktional differenzierten Gesellschaften ortlos gewordenen Moral. (Proske 2002, S. 294).

Ökologische Fragen können vor diesem systemtheoretischen Hintergrund als Fragen an die Funktionssysteme formuliert werden. Ökologische Fragen sind dabei oftmals Inszenierungen von Gefährdungen und bringen zum Ausdruck, wie sich die Gesellschaft zu diesen positioniert. Für das Erziehungssystem als ein System neben anderen Funktionssystemen stellt Bolscho (2010, S. 203 ff.) dar, dass die Thematisierung von Gefährdungen jedoch nicht zu einer inneren Betroffenheit im Kontext von Erziehungsprozessen führe, um daraus veränderte Handlungsalternativen abzuleiten und zu wählen. Der Autor stellt für die Betrachtung erzieherischer und didaktischer Konzepte heraus, dass in der Verortung zu einer sozialökologischen Bildungsforschung Umwelt immer als zentraler Bezugsrahmen herangezogen wird. Auf diese Weise soll das klassische naturwissenschaftliche und sozialökologische Verständnis von Ökologie dazu dienen, in Erziehungsprozessen Diskurse zu entfalten, die zwischen den verschiedenen Funktionssystemen vermitteln, indem der Diskurs auf die klassischen Aspekte des Nachhaltigkeitsdreiecks bezogen wird. Mit dieser Schablone werden durch den Autor die Erziehungsbemühungen der Reformpädagogik, der Umweltschutzbewegung und der Nachhaltigkeitsbewegung ausgelotet.

Es wird hier deutlich, dass sich die ökologische Frage auf Umweltkommunikation bezieht, wobei die Programme des Erziehungssystems von den ökologiebezogenen Wissens- und Inhaltselementen – nicht von Sozialem oder von der Ökonomie – dominiert werden.

Das Verständnis von Transformation folgt innerhalb dieser professionstheoretischen Lesart einem selbstbezüglichen Transformationsbegriff des Pädagogischen. Praktische Formen des Pädagogischen mit den Lehrenden als professionell Handelnden und den unterschiedlichen pädagogischen Ansätzen wie beispielsweise der „Mitweltbezogenen Pädagogik" nach Müller (1995), „Umweltbildung" (Henze 1998, S. 38), „Öko-Pädagogik" (Dippelhofer-Stiem, 1995, S. 18 ff.) oder der „Ökologischen Erwachsenenbildung als Antipädagogik" (Arnold 2006, S. 53) und schließlich der „Bildung für nachhaltige Entwicklung" (de Haan 2008, S. 25) scheinen brüchig zu sein und bilden die Grenzverschiebungen pädagogischen Handelns oft nur unzureichend ab. Am Beispiel des Dritte-Welt-Problems stellt Proske (2002, S. 282) dar, dass pädagogische Thematisierungs- und Handlungsformen in die gesellschaftliche Wahrnehmung und den Umgang mit gesellschaftlichen Problemlagen Einzug gefunden haben. Dieses Beispiel lässt sich ohne Weiteres auf den Umgang mit der sogenannten ökologischen Krise übertragen:

- Im Kontext der ökologischen Bewegung kann eine Kombination aus Opposition und Protest im Modus der Gleichzeitigkeit einer Selbstpädagogisierung einerseits und der Rettungs- sowie Reformversuche andererseits beobachtet werden (vgl. Uekötter 2005, S. 105 ff./ Kupper 2005, S. 160 ff.)
- Das Bundesministerium für Bildung und Forschung setzt mit der „Forschung für Nachhaltige Entwicklung" (FONA) im Sinne einer sozialökologischen Forschung auf eine Pädagogisierung umweltpolitischer Reformkommunikation, wie folgender Auszug aus dem Forschungsprogramm verdeutlichen soll: „Was muss passieren, damit Verbraucher und Verbraucherinnen ihr Wissen über nachhaltigen Konsum auch tatsächlich beim täglichen Einkauf umsetzen" (FONA 2013, [1])?
- Auch findet eine solche Umdeutung der ökologischen Herausforderungen zum Beispiel in der Deutschen Gesellschaft für Erziehungswissenschaft mit der Bildung der „Kommission Bildung für nachhaltige Entwicklung" (BNE) statt, worunter auch die Entwicklung der oben aufgeführten speziellen Pädagogiken gefasst werden kann.

Schüßler (2007, S. 69) stellt entsprechend der Umdeutungsmechanismen dar, dass für das Programm der BNE zwar die Wirkungshoffnung auf eine Verhaltensänderung relativiert werden könne, gleichwohl aber eine bildungspolitische Verankerung unerlässlich sei. Entscheidend sei der bildungspolitische Wille, unabhängig davon, was tatsächlich damit auf der Verhaltensebene erreicht werde. Damit werde nämlich ermöglicht, Top-down eine Leitbildarbeit vorzunehmen, die Bottom-up im Rahmen von Selbstorganisation aufgegriffen werden könne. Becker (2001, S. 280) schließt dagegen ein „Top-down-Verfahren" für erfolgreiche Transformationsbemühungen grundsätzlich aus und beschreibt, dass ein Rahmenkonzept konsequent das Prinzip der Partizipation berücksichtigen müsse. Bei diesem müsste es darum gehen, mehr Aufwand und finanzpolitische Unterstützung für eine basisnahe Umsetzung zur Verfügung zu stellen. Es seien hier insbesondere im außerschulischen Bereich weiterführende Modellversuche und Kampagnen nötig, da diese im Vergleich zu den schulischen Aktivitäten sehr stark unterrepräsentiert seien. „Hätte, würde, könnte" lässt sich hier polemisch anschließen, wenn es denn wirklich darum ginge und gewollt wäre.

Mithilfe verschiedener Studien kommen Michelsen et al. (2013, S. 36) zu dem Schluss, dass die Bildung für nachhaltige Entwicklung im außerschulischen Bereich umsetzbar ist, aber nicht den Stellenwert einnimmt, den sie gemäß den politischen Vorgaben haben sollte:

> Es zeigt sich, dass in manchen Bereichen grundlegende Aspekte der Bildung für nachhaltige Entwicklung bisher erst wenig in individuelles und institutionelles Denken und Handeln eingeflossen sind. (ebd.).

Für die Tatsache, dass Bildung für nachhaltige Entwicklung im außerschulischen Bereich nicht umgesetzt wird und eine Wirkungsorientierung hinsichtlich der konkreten Lebens- und Arbeitsweise insbesondere in organisationalen Kontexten nicht sichtbar ist, werden in den Debatten verschiedene Gründe benannt:

- „Die Komplexität von Bildung für nachhaltige Entwicklung, die schwierige Verständlichkeit des Konzepts nachhaltiger Entwicklung für Außenstehende, mangelnde zusätzliche Finanzen, mangelnde politische Unterstützung sowie die zu geringe Nachfrage nach Inhalten nachhaltiger Entwicklung" (Michelsen et al. 2013, S. 87). Als ein kritischer Bereich wird dabei angegeben, dass inhaltliche Fragen in der Umsetzung ungeklärt seien und vor allem der Bezug zur Ökologie zu stark bzw. einseitig erscheine.
- Ein konkreter Verwertungszusammenhang auf der Handlungsebene im Alltag sei unzureichend berücksichtigt (vgl. Henze 1998, S. 225). Grundsätzlich kann herausgestellt werden, dass die Agenda 21 der Konferenz der Vereinten Nationen von 1992 zwar einen Rahmen für umweltbezogene Bildungsbemühungen markiert, für diesen jedoch leider „[...] keine stringente Ausformulierung des Nachhaltigkeits-Konzepts [...]" (Bolscho 2010, S. 217) vorliegt, auf die das Bildungswesen und ein nachhaltiges Wirtschaften strukturell und programmatisch eingestimmt werden kann. Umweltbildung bleibt vor diesem Hintergrund eine Bildungsarbeit, die unter der Verkündigung einer kulturellen Wende und einer notwendigen

ökologischen Transformation zwar ökonomische und kulturelle Aspekte einschließt, aber in der Beschreibung wird sie von nachhaltigkeitsorientierten Werten, Einstellungen und Verhaltensweisen in der Bezugnahme auf das Verhältnis zur Umwelt dominiert, unterfüttert also den Dualismus Mensch–Natur.

- Im Gutachten der Bund-Länder-Kommission zu ihrem Orientierungsrahmen für eine Bildung zu nachhaltiger Entwicklung (vgl. BLK 1998, S. 25) wird deutlich gemacht, dass für den Lernenden die Themen und Zusammenhänge selbst meist eher zu abstrakt präsentiert werden. Als Beispiel für den Aspekt der Gesundheitsförderung wird das Kernfeld Ernährung herangezogen und dabei auf das Verhältnis Fleischkonsum und Artenschutz sowie Umweltverschmutzung verwiesen. Es geht hier um abstrakte Einstellungen wie Gerechtigkeit und Ökologie (vgl. BLK 1999, S. 75 f.), ohne jedoch das innewohnende subjektive Moment individueller Lebensführung zu erfassen.
- Nachhaltiges Handeln unterliegt in diesem kritischen Verständnis vielmehr der Paradoxie der Gewohnheit im Alltag: Gewohnheiten stellen eine Anpassung an eine Verhaltensumwelt dar, wobei sich die Umwelt und ihre Eigenlogik immer wieder auch an das Verhalten der Akteure selbst anpasst. Eine Gewohnheit und die dazugehörige Umwelt stehen immer in einem wechselseitigen Verhältnis. Ernst (2008, S. 51) verdeutlicht daher, dass für nachhaltige Wirkungen technologische Innovationen allein – wie zum Beispiel die Entwicklung neuer Leuchtmittel im Rahmen betrieblicher Energieeffizienzbemühungen – nicht zielführend seien. Es bedarf vielmehr auch sozialer Innovationen, weil eine Veränderung der Gewohnheiten nicht durch veränderte Technologien und durch Aufklärung zu erreichen sei. Es müsse vielmehr „[...] eine Koevolution von Verhalten und seiner materiellen Umwelt [...]“ (ebd., S. 51) stattfinden.
- Carsons (2001, S. 39) weist in seiner Kritik gegenüber dem OECD-Ansatz der Schlüsselkompetenzen für eine nachhaltige Entwicklung zudem darauf hin, dass weniger das Individuum und seine Lebensperspektive im Mittelpunkt des Ansatzes stehe. Eher sei zu beobachten, dass die Passung und Überlebensfähigkeit innerhalb der modernen (neo-)liberalen Ökonomie vordergründig sei. Eine Perspektive auf das Einfache und Alltägliche und damit wirklich Nachhaltige komme darin nicht vor.
- Problematisch ist aus Sicht von Grothe & Fröbel (2009, S. 13), dass einerseits das Wissen über nachhaltiges Handeln verfügbar sei, es andererseits aber durch Führungskräfte oder beauftragte Verantwortliche nicht im heutigen Wirtschaftsdenken angewendet werde. Einen Grund sehen die Autoren im komplexen Kompetenzmodell

der „Bildung für nachhaltige Entwicklung“ und einer fehlenden darauf bezogenen Professionalisierung im außerschulischen Bereich. Insbesondere im Blick auf das Führungshandeln bleibe unklar, was die nötigen Führungskompetenzen sind, was diese für das Handeln im Sinne eines nachhaltigen Wirtschaftens bedeuten und wie sie erworben und zielführend angewendet werden könnten.

– Ein anderer Grund für die fehlende Wirkung des Konzeptes der Bildung für nachhaltige Entwicklung kann in der Adressierung der Schlüsselkompetenzen mit dem Komplexitätsbezug der Weltgesellschaft gesehen werden, wie ihn Rieckmann (2010, S. 173) nach Lang-Wojtasik (2008) herstellt. Einerseits wird damit das Problem des Lernens für eine nachhaltige Entwicklung „[...] vor allem als individueller und gesellschaftlicher Lernprozess verstanden [...]“ (ebd., S. 163) und andererseits die Ebene des Selbst mit den Fähigkeiten des Menschen, mit und für sich selbst nachhaltig zu agieren, ausgeblendet. Negt (1993, S. 665) versteht dementsprechend unter ökologischer Kompetenz nicht nur den Umgang mit den Folgen, die aufgrund des menschlichen Handelns für die Umwelt und die Natur zu verzeichnen sind. Der Autor verweist vielmehr auf den erforderlichen grundlegenden Wandel der Haltung der Akteure. Diese bezieht sich auf

> [...] den pfleglichen Umgang mit Menschen und Dingen. [...] Ökologische Kompetenz bezeichnet nicht nur das Verhalten des Menschen zur äußeren Natur, sondern auch sein Verhältnis zur inneren Natur. (ebd.).

Die Diskussion über eine ökologische Transformation durch Bildung und Lernen führen zu den bildungstheoretischen Fragen, wer lernen sollte und welche Inhalte in kategorialer Hinsicht lernenswert sind. Diese erscheinen vor dem Hintergrund der Aussagen aber als rhetorische Fragen, da es nicht wirklich um ein Lernen und eine damit zusammenhängende Verhaltensänderung zu gehen scheint. Vielmehr drängt sich der Eindruck auf, es geht um eine Kanalisierung von Erwartungen durch eine symbolische Politik. Diese Politik ist nicht wirklich auf eine Problemlösung ausgerichtet, sondern darauf einen Ort der Verantwortlichkeit zu adressieren, der nicht in einem abstrakten System liegt, sondern im Individuum. Die nachhaltige Entwicklung benötigt einen psychologischen Ort, der dort als Nachhaltigkeitsdogma strukturell gekoppelt wird.

Die ökologische Frage der Gesellschaft nach dem nachhaltigen Umgang mit den natürlichen Lebensgrundlagen lässt sich vor diesem Hintergrund unter kulturtheoretischer Perspektive präzisieren. In diesem Sinne ist sie als eine Frage innerhalb der sozialen Wahrnehmung zu thematisieren, was Hohnsträter (2004, S. 9) durch die Verbindung des Begriffs der „ökologischen Kultur“ mit dem Begriff der „Ästhetik“ vorbereitet. Die Entwicklung einer ökologischen Kultur tritt dabei als Entwicklung eines kulturellen und damit ästhetischen Wahrnehmungswandels in den Blick, ohne dass eine „echte“ und „wirkliche“ Natur damit gemeint, adressiert und geschützt wird. Sie ist nicht allein und wahrscheinlich nicht einmal in erster Linie ein naturwissenschaftliches oder technisches Problem, sie ist der Aspekt eines Lifestyles, der die Natur auf die inneren Verhältnisse und Unzulänglichkeiten verlagert.

Hohnsträters (2004, S. 11 ff.) Kern der Untersuchung liegt in der Verbindung zwischen den biologischen Grundlagen des Menschen als Organismus und seinem Sein als Kulturwesen. Das Grundproblem der ökologischen Fragestellung kann darin gesehen werden, dass der Mensch sich von seiner unmittelbaren Umwelt distanzieren kann, sich damit aber in seiner Selbstidentität auch von grundsätzlichen lebensbejahenden Aspekten zu lösen droht. Es wird daher die These vertreten, dass die Möglichkeit einer ökologischen Reflexivität durch freiheitliche Distanznahme die Wiederentdeckung der Leiblichkeit voraussetzt, um einer drohenden kulturellen Selbstkonstruktion als „Gattungssuizid“ zu entgehen. Die ökologische Herausforderung lautet in diesem Verständnis, „[...] daß der freiste aller Organismen sich als Organismus bejaht“ (ebd., S. 11).

Mit Blick auf den Begriff der Kultur in seiner ökologischen Dimension als ästhetische Erfahrung kann die Position ausgemacht werden, dass eine Vernachlässigung des Umgangs mit der leiblich-sinnlichen Dimension des Seins zu beobachten ist, die durch Hayward (1997, S. 96) als „epidemisches Unbewusstsein“ beschrieben wird. Damit sind die verzerrenden Wirkungen einer Trennung von Gefühlen, dem Körper und dem Geist in den Fokus der ökologischen Bildungsdebatte gerückt. Diese wirkt der Entgrenzung entgegen, ein kognitiv und mental dominiertes Weltverhältnis zu umgehen, welches letztlich das sensuelle und emotionale Selbstverhältnis der Menschen zu beeinträchtigen droht (vgl. Rosa 2012, S. 11). Zum Thema wird dabei eine Überwertigkeit des Kognitiven über das Leibliche, bei der der eigene Körper als natürliche Basis oftmals ausgebeutet und im Dienste der kulturellen Funktionserfüllung manipuliert wird. Der Trick scheint dabei zu sein, dass die Menschen zwar um ihr manipuliert sein wissen, sich über die zahllosen Ratgeber auch ausreichend darüber informieren (können), aber in der Lähmung des kollektiven Unbewusstseins verharren. Gefühle der Balance sind darin verloren gegangen und kehren als „Sehnsuchtspfade“ aus Fernost zurück: „Wir haben dem Ich erlaubt, den Körper zu entthronen, und wir haben zugelassen, daß sich das erworbene Wissen über die Weisheit des Körpers hinwegsetzt“ (Lowen 1994, S. 130).

Für die sozialökologische Standortbestimmung einer nachhaltigen Entwicklung bedeutet dieses Naturverständnis, dass der Naturökologie (Naturwissenschaft) und der Sozialökologie (Sozial- und Geisteswissenschaft) auf subtile Weise eine Perspektive hinzugefügt wird, die jenseits der Beziehungen zwischen Arten/Lebewesen/Individuen (innere Beziehung in der Ökologie) und der Beziehungen zur äußeren Umgebung (äußere Beziehung in der Ökologie) (vgl. Townsend et al. 2009, S 4 f.) liegt. Diese Perspektive richtet sich auf die Beziehung des Menschen zu sich selbst.

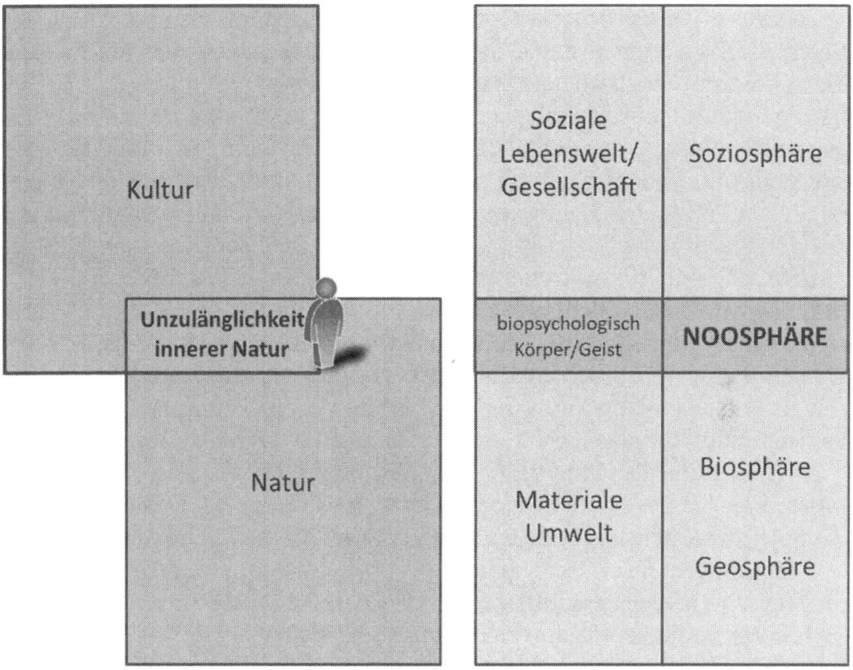

Abbildung 6: Unzulänglichkeit der inneren Natur

In Anlehnung an Huber (2011, S. 25 ff.) lasse sich die üblichen Forschungsschwerpunkte der Biosphäre, Geosphäre und Soziosphäre mit der Noosphäre um eine biopsychische Dimension ergänzen und erweitern. Auf diese Weise lässt sich die Soziosphäre als sozial-kommunikative Seinsebene der Gesellschaft bzw. eines Kollektivs mit der Noosphäre kombinieren. Als humanistische Begründungsebene kommen damit Ansätze des Public Health und das Selbst in den Fokus sozialökologischer Forschung (vgl. Haila 2011, S. 377 ff.). Ansatzpunkte für eine mögliche Veränderung sind in diesem Verständnis nicht wie meist im Kontext einer gesellschaftlichen oder politischen Ebene zu suchen, sondern beim Naheliegenden, nämlich in der eigenen inneren Verfassung mit den Denk-, Fühl- und Wahrnehmungsmustern der Akteure. Eine ökologische Veränderung erscheint so als eine Selbstveränderung. Diese Selbstveränderung zielt darauf, die „Verwirrung" des menschlichen Geisteszustands in den Blick zu nehmen. Dies erscheint als wichtige Voraussetzung, um die Probleme nicht weiter zu verschärfen. Dies rückt aber psychoanalytisch das Moment der Selbstverantwortung stärker in den Blick und entlastet die Herrschenden von ihrer Verantwortung für ihr politisches und wirtschaftliches Denken und Handeln. Nicht sie werden zum Gegenstand der Auseinandersetzung in Frage gestellt, sondern das Denken und Handeln des Normalbürgers.

Hierin wird deutlich, dass sich in der geschichtlichen Entwicklung des Nachhaltigkeitsdogmas die sozialpsychologische Funktion des Macht- und Klassenerhaltes deutlich herausstellen lässt. Im Zentrum steht eine Triebbefriedigung des Menschen als ein Grundbedürfnis, was einem Funktionieren im sozialen Kontext gegenübersteht. Die Menschen befinden sich im Kontext der Moderne dabei in einer seelischen Situation, in der ihnen zentrale Elemente der Triebbefriedigung entsagt werden. Das Nachhaltigkeitsdogma mit der Verlagerung des Nachhaltigkeitsthemas auf die eigene Unzulänglichkeit schafft den Raum für eine Phantasiebefriedigung, wie die zunehmende Verbreitung von fernöstlichen Praktiken wie Meditation, Zen, Yoga, Tai-Chi oder Qigong verdeutlichen. Sie markieren einen Bedarf an sinnstiftenden Elementen für das alltägliche Handeln (vgl. Steuten 2010, S. 98f.). Sie fungieren als Entschädigung und Ausgleich für die vielen Entbehrungen. Als sich verbreitende Rituale stehen sie für eine stellvertretende Bedürfnisbefriedigung, ohne dass eine reale Veränderung der Verhältnisse nötig ist. Sie repräsentieren das Moment einer infantilen Hilflosigkeit, da die Menschen das Spiel aus Arbeit und Leistung weiterspielen, ohne etwas daran zu ändern. Im Sinne des Totemismus nach Fromm (1999, S. 245; vgl. Abschn. 4.5) folgen die Menschen einer Religiosität des modernen Götzendienstes in einer doppelten Weise. Einerseits folgen sie anbetend den Werten von Wohlstand, Konsum, Karriere, Geld und scheinbarer Macht und Kontrolle über ihr Leben. Andererseits hungern sie nach sinnstiftenden Elementen, in den sie in einem instrumentell hergestellten Selbstkontakt Schutz und Trost erfahren. Die Lehren der Meister des Fernen Ostens und ihre Praktiken repräsentieren eine andere Seite der Herrschaft des Vaters, die in diesem Fall das Element der Liebe und Zugehörigkeit narzisstisch kompensiert.

4.7 Zwischenfazit: Naturverständnisse als Desiderat zur Aufrechterhaltung des Kultur-Natur-Dualismus

In der Betrachtung der beschriebenen Nachhaltigkeits-Szenarien kommt zum Ausdruck, dass die politischen Steuerungsbemühungen nicht nur eine geringe Wirkung auf die Einstellungen und die konkreten Verhaltensweisen von Individuen und Unternehmen haben. In ihnen wird auch deutlich, dass sie als diskursives Moment den Erhalt der Machtverhältnisse absichern und im Nachhaltigkeitsdogma einen Shift von einer ökologisch motivierten Befreiungsbewegung hin zu einer institutionalisierten nachhaltigen Entwicklung forcieren. Ein wesentlicher Beitrag für diese Entwicklung kann dafür in der Verwendung der Begriffe Umwelt, Natur und Ökologie gesehen werden. Diese unterliegen auf der einen Seite einer eigenständigen Bedeutungsgebung und sind für die Erfassung von subjektiven Handlungsgründen unterkomplex, auf der anderen Seite führt das Verständnis der Begriffe im Konzept der Bildung für nachhaltige Entwicklung dazu, den überlieferten Dualismus von Mensch und Natur fortzuschreiben.

Insgesamt besteht aus der Perspektive der sozialökologischen Forschung der Eindruck, dass die alltäglichen Lebenszusammenhänge der Individuen und Unternehmen mit ihrer eingebetteten Wirkung auf das Alltagshandeln regelrecht vorsätzlich zu wenig berücksichtigt werden. Eine systematische Forschung und Realisierung der Szenarien einer ökologischen Transformation, die einen nachhaltigen Beitrag zur Transformation subjektiver und gesellschaftlicher Strukturen leisten kann, steht noch aus (vgl. Eirmbter 1982, S. 241 ff.).

Die Kritik an den zugrunde liegenden Nachhaltigkeits-Szenarien, dass sie ökonomische und ökologische Aspekte eines Naturverständnisses (neoklassische Umweltökonomie und/oder ökosystemare Ökologie als Naturwissenschaft) kombinieren, wiegt schwer. Den Ansätzen scheint gemein zu sein, dass sie die Metapher vom Gleichgewicht des Haushalts verwenden, wobei sie dabei auf die globale Dimension eines Gesellschaft-Natur-Verhältnisses fokussieren. Mit dieser Metapher des Gleichgewichts findet eine Reduktion des Naturverständnisses statt: Natur als Ressource, Natur als Stoff- und Energiefluss sowie die Auflösung der Unterschiede von dem Verhältnis der Natur zur Kultur. In diesem überlieferten Verständnis wird allerdings ein Denken und Handeln anvisiert, das auf einer politisch-programmatischen Ebene eine zukünftige Lebenspraxis thematisiert, der sich ein nachhaltiges Naturverständnis unterordnen soll.

Deutlich wird hier ein Verhältnis zwischen Kultur und Natur fortgeschrieben, demzufolge beide einander gegenüberstehen statt einander einzuschließen. Die Natur und ihre Bedrohung werden dadurch in einen Zusammenhang eingebettet, bei dem ein wissenschaftliches und technologieorientiertes Naturverständnis mit dem Gesichtspunkt der Gestaltbarkeit dominiert. Das menschliche Handeln, welches einerseits die Natur bedroht, wird andererseits zum Schlüssel für eine technologische Transformation zur Rettung und zum Schutze der Natur konzipiert. Der Natur wird dabei kein eigenständiges Gewicht bei der gesellschaftlichen Sinnproduktion zugestanden, sie verkommt vielmehr zu einer Funktion der menschlichen Bedürfnisbefriedigung. Die Dekonstruktion der impliziten Naturverständnisse kann deshalb als ein wichtiger Aspekt angesehen werden, da das verwandte Naturverständnis eine Auswirkung auf die Natur- und Selbstbilder der Menschen haben. Diese Analyse (vgl. Kap. 5) gibt dann einen Einblick in die Verhältnisse der nachhaltigen Entwicklung und der ausbleibenden „ernsthaften“ Transformationsbemühungen. Sie unterstützt dabei zu verstehen, warum sich das Nachhaltigkeitsdogma entwickelt hat und welchen (unbewussten) Sinn es erfüllt.

5 Natur und Kultur: Erkenntnistheoretische Inkonsistenzen als Ausdruck zementierter gesellschaftlicher Verhältnisse.

Nennen (1991, S. 88) stellt fest:

> Es gibt sie bislang nicht, eine Wissenschaft der Natur, die nicht nur Naturwissenschaft im herkömmlichen Sinne ist, sondern vor allem auch Philosophie der Natur sein sollte; die Antwort steht aus auf die Frage: Was sollen wir tun, mit unserer Natur, in der Natur (...). (ebd.).

Das Problem des heutigen ökologischen Verständnisses zeigt sich darin, dass eine synonyme Verwendung der Begriffe Ökologie und Umwelt zu beobachten ist, wodurch von der Kernidee der Ökologie über das Beziehungsgeflecht biologischer und anorganischer Elemente eines Ökosystems wenig übrigbleibt. Mollenhauer (1985/1986, S. 127) beschreibt dies als „Minimalprogramm", bei dem der Mensch mit seinem zweckrationalen Verständnis von Umwelt zwar im Mittelpunkt steht, selbst aber zu einem Massenwesen reduziert wird, d. h. nicht selbst Gegenstand der Analyse ist. Eine integrale Perspektive, bei der der Mensch nicht über der Natur stehe, sei in den ökologischen Debatten nicht anzutreffen.

Weingarten (2002, S. 22) fordert in diesem Sinne, dass eine Reflexion nicht auf die gesellschaftlichen Naturverhältnisse verkürzt werden sollte, „[...] also gesellschaftliche Naturverhältnisse nicht nur im Zusammenhang von Risiken und Nebenwirkungen des (technischen) Handelns zu thematisieren [...]" (ebd.) seien. Vielmehr braucht es eine Reflexion, die das Verständnis vom Verhältnis des Menschen zur umgebenden Natur um den Aspekt der inneren Natur erweitert. Zu dieser inneren Natur gehört die Natur des Sozialen, die einen Beitrag dazu leistet, dass der innere Wesenskern über- und durchformt wird, da erduldete Zwänge internalisiert und Handlungsgrenzen durch Werte und Normen auferlegt werden. Dieser berechtigte Hinweis stößt allerdings an eine Begrenzung, die dem Menschen in seinem natürlichen Wesenskern nur schwer zugänglich ist. Er ist stets ein kulturell vermitteltes Wesen, das sich lediglich im Wandel der Zeit verändert hat. Dies ist ein Anhaltspunkt, der sowohl für den Beobachter wie den Beobachteten gilt.

Letztlich gelangen auch die Menschenbilder in Politik, Religion und Wissenschaft nicht zu einem einheitlichen Bild dessen, was den Menschen in seiner Natur ausmacht. Es entsteht vielmehr der Eindruck einer pluralistischen Natur, die weniger eine grundsätzlich bestehende Natur des Menschen voraussetzt, sondern die Natur als unterschiedliche Erfahrung annimmt. Die Erfahrung, so Markl (1986, S. 236), bestimmt die menschliche

Natur, wobei in entwicklungspsychologischer Perspektive bestimmte Fähigkeiten und die Bereitschaft vorliegen, Erfahrungen zu verarbeiten. Die Möglichkeit, etwas zu erfahren, ist demnach ebenso biologisch vorbestimmt wie sie kulturell geprägt ist, da die Kultur einen maßgeblichen Einfluss auf den realen Erfahrungsraum in sozialer, zeitlicher und räumlicher Hinsicht ausübt. Aus biologischer Sicht führt die Analyse zu einem kontroversen Ergebnis, da im Menschen alles natürlich ist und erst seine neuronale Entwicklung ihn zu einem Menschen als Natur- und Kulturwesen reifen lässt. Den Begriff Natur bezeichnet Markl (1986, S. 245) deshalb als eine „semantische Falle", die in der Annahme aufgelöst werden kann, dass die Natur des Menschen in seinem Potenzial zu spezifischen Leistungen gesehen werden kann, die sowohl ohne als auch mit Lernprozessen realisierbar sind.

Mit dieser semantischen Falle, die im Naturbegriff angelegt zu sein scheint, gehen jedoch die differenzierten Beziehungsqualitäten zwischen den Elementen und für den Menschen als Subjekt verloren, weil der Anthropozentrismus in eine Dualität zwischen Kultur und Natur führt, die zur Lippe (1987, S. 17) als „Subtraktionsanthrophologie" beschreibt. Dieser Dualismus führt zu einer Grenzziehung zwischen Natur und Kultur, zwischen dem Menschen und der umgebenden Natur, zwischen seiner geistigen Dimension und seiner körperlichen Dimension.

> Der Dualismus entsteht, wenn wir notwendige Unterscheidungen treffen und diese dann allzu ernst nehmen. Wir machen aus diesen Unterscheidungen Trennlinien statt Verbindungslinien; wir benutzen sie als Verbotsschilder. (Knitter 2012, S. 29).

In der Analyse der Literatur zur Ökologie, Nachhaltigkeit und Bildung für nachhaltige Entwicklung lässt sich das Verhältnis des Menschen zur Natur, zur Kultur, aber auch zu sich selbst als ein gebrochenes Verhältnis beschreiben (vgl. Bahro 2002, 24 ff.; Plessner 1982, S. 66). Und dies braucht das herrschende System, um die funktionierende Masse zu erhalten.

> Unser System braucht Menschen, die glauben, sie seien frei und unabhängig, aber alles tun was man von ihnen erwartet, Menschen, die sich der Gesellschaftsmaschinerie reibungslos einfügen, die ohne Führer geführt und ohne Ziel dirigiert werden können – es sei denn dem einen, es 'gut' zu machen. (Fromm 1999, S. 410).

Für einen systematisierenden Überblick und die Ableitung von Konsequenzen lassen sich diese anthropologischen und erkenntnistheoretischen Hinweise zu sieben möglichen Blickweisen auf das Verhältnis von Natur und Kultur zusammenfassen und damit verdeutlichen, wie in ihnen die Dualität aufrechterhalten wird:

1. Natur gegen Kultur
2. Natur ist kulturell vermittelt
3. Natur ist kulturabhängige Utopie
4. Menschliche Natur ist Kultur/Kultur ist zweite menschliche Natur
5. Menschliche Kultur entfremdet sich von der eigenen Natur
6. Natur unterstützt menschliche Kultur
7. Natur als Bedrohung

5.1 Kultur gegen Natur: Ökonomie der Naturferne

Der Umweltbegriff wird durch die Kulturwissenschaft in „Kultur" als soziale bzw. psychologische Umwelt und die „Ökologie" als natürliche bzw. materielle Umwelt differenziert. Kultur bezieht sich dabei auf Normen, Regeln, Symbole, Verabredungen, Strukturen und soziale Ordnungen, die in ihrer Gesamtheit die kollektiven Orientierungsmuster einer Lebenswelt repräsentieren (vgl. Nieke 2008, S. 80). Die Ökologie beschreibt Natur als Vegetation, Bodenstruktur, Klima oder Tierpopulationen (vgl. Asendorpf 2007, S. 431). Entsprechend den gängigen Trends in der Ökologieforschung und dem Bemühen um eine nachhaltige Entwicklung wird damit nach den relevanten System-Umwelt-Parametern gefragt, unter denen ein gesellschaftliches ökologisches Engagement seine Wirkungen entfalten kann, bzw. es wird danach gefragt, wie sich die menschliche Kultur auf die Natur auswirkt.

Der Blick wird dazu auf die „[...] Bedingungen und Mechanismen der gesellschaftlichen Teilsysteme [...]" (Grunwald 2010, S. 233) gerichtet. Die Natur erhält einen exklusiven Anspruch, weil sie zur Bedingung der menschlichen Aktivitäten erklärt wird. Wenn man die Logik der Systeme berücksichtigt, erscheint der Anspruch allerdings paradox, denn die Natur kann im systemtheoretischen Verständnis selbst kein System und damit keine Umwelt für ein soziales System sein, da es zwischen beiden keine Kommunikation gibt. Japp (2010, S. 282) gelangt daher zu dem Befund, dass funktionaldifferenzierte Sozialsysteme nur nach Maßgabe ihrer eigenen Unterscheidungen und Programme existieren und dass sich der Stand gesellschaftlicher Resonanz mittels Kommunikation nicht verändern wird, d. h. die Differenz zwischen Kultur und Natur erhalten bleibt.

In historischer Betrachtung lässt sich nach diesem Verständnis zunächst für die Ökonomie formulieren, dass deren Entwicklungen von einer zunehmenden Naturferne geprägt sind. Naturferne steht hier für die Annahme, dass Wirtschaft mit ihren ökonomischen Modellen unter Vernachlässigung und Nichtberücksichtigung der Natur und ihres Erhalts erfolgt. Es wird nach Prammers (2009, S. 10 ff.) synoptischer Darstellung schon früh deutlich, dass bei der Bestimmung eines Wertes zwischen einem Naturwert (Augustinus) und den gegenüberstehenden Tausch- und Gebrauchswerten (Aristoteles/Morus) der Maßstab einer „individuellen Nutzenmaximierung" universelle Geltung erlangte. Besonders die Entwicklungen in den Naturwissenschaften mit ihrem mechanistischen Weltbild und die Entwicklung der Ökonomie im Zuge der Industrialisierung förderten eine implizite Geringschätzung des Bodens bzw. natürlicher Ressourcen (passives Prinzip) und eine ebenfalls implizite Überschätzung der Arbeit als bestimmenden Faktor (aktives Prinzip). Beides begünstigt nicht nur eine verzerrte Wahrnehmung des Beobachteten, sondern auch des Beobachters.

Unausgesprochen ist man dabei davon ausgegangen, dass die Naturgüter eine unbegrenzte Ressource seien. Zunehmende Arbeitsteilung begünstigte in der Ökonomie die Abstraktion wirtschaftlichen Handelns (Smith/Locke), wodurch das Prinzip ökonomischer und gesellschaftlicher Rationalität die gesellschaftliche Strukturation zu dominieren begann und den Stoffkreislauf als Grundlage wirtschaftlichen Handelns nahezu vollständig ausblendete. Dabei war es keineswegs so, dass die natürlichen Ressourcen nicht auch Gegenstand ökonomischer Theorie- und Modellbildung waren. Es kann aber festgestellt werden, dass sich diese Modelle nicht durchsetzten. Erst mit dem Bericht an den Club of Rome „The Limits to Growth" schien sich dies in den 1970er Jahren zu ändern:

> Mit der Erwartung einer zunehmenden Verknappung von Ressourcen begann eine umwelt- und wirtschaftswissenschaftliche Diskussion um die ökologische Nachhaltigkeit von Wirtschaft und Gesellschaft. (ebd., S. 18).

Insgesamt kann festgestellt werden, dass in der ökonomischen Historie der Naturwert als absoluter Wert gegenüber dem Leben zugunsten eines Kulturwertes gewichen ist. Formen religiöser Erziehung verlaufen konvergent zu den ökonomischen Entwicklungen. Als zentrale Werte werden die *Arbeit als Tätigkeit* und die hergestellten *Produkte* kultiviert (vgl. Niegerball 1911, S. 13 ff.). Ihnen wurde ein eigenständiger (Kultur-)Wert zu eigen. Das Zeichen dieser Kultur ist dabei, dass etwas Natürliches einen gewandelten Mehrwert erhält, der durch eine Tätigkeit erreicht wird, die über das Mindestmaß einer zum unmittelbaren Überleben notwendigen Tätigkeit hinausgeht, ja sogar die Tätigkeit selbst zur Sinnerfüllung wird, obwohl der Zweck der Überlebenssicherung überhaupt nicht damit tangiert wird. Aus dieser Logik heraus lässt sich verdeutlichen, dass im Kontext der Ökonomie mehr produziert wird, als für das eigentliche Überleben und ein „gutes" Leben notwendig wäre. In der Konsequenz kann festgehalten werden, dass eine solche naturferne Ökonomie und eine auf Arbeit ausgerichtete Kultur selbst eine Ressourcenrolle darstellen, bei der die Menschen die zentrale Ressource als funktionserfüllende Entitäten fungieren.

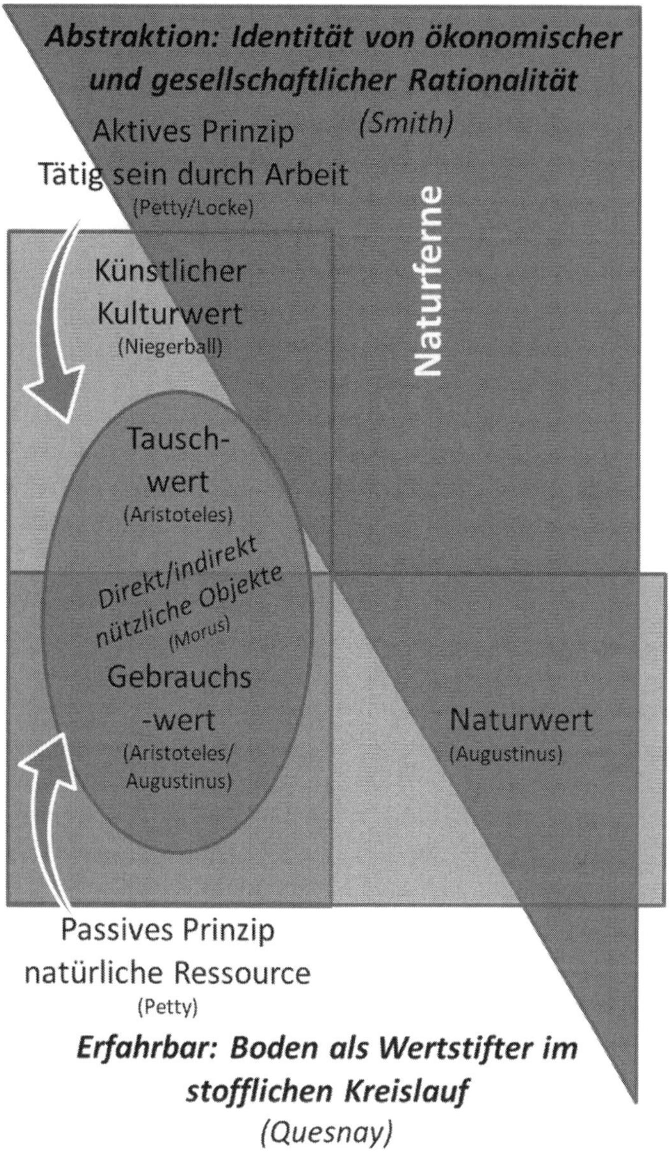

Abbildung 7: Ökonomie der Naturferne
Eigene Darstellung in Anlehnung an Prammer 2009, S. 10ff.; Niegerball 1911, S. 13ff.

5.2 Natur ist kulturell vermittelt: Das „Natürliche" als Symbol

In der soziologischen Reflexion wurde der Naturbegriff zu einem Kulturbegriff, weil die Natur bzw. der Diskurs darüber als eine „[...] Projektion der Gesellschaft [...]" (Brand & Kropp 2004, S. 105) verstanden werde. So wird von Klassikern der Soziologie die Natur einmal als Sinn generierend dargestellt, weil sie eine handlungsstrukturierende Funktion einnehme. Ein anderes Mal wird sie als sozial irrelevant eingestuft, weil sie für die Formen sozialer Kommunikation unbedeutend sei. Der dialektischen Naturtheorie von Marx, der Gesellschaft und Natur gegenüberstellt, begegnen Brand & Kropp (2004, S. 107 ff.) mit dem Hinweis, dass Gesellschaft immer auch Natur ist und Natur immer auch Gesellschaft. Das Hauptargument wird im Begriff der menschlichen Arbeit gesehen, weil die menschliche Arbeit einerseits die Natur einschließt und andererseits die Natur (als Kultur) maßgeblich prägt. Natur erscheint vor diesem Hintergrund nicht als ein verklärtes und romantisiertes Konstrukt, sondern als die Abfolge verschiedener Zustände. Natur wird in diesem Sinne immer als eine Relation von Umwelt und beeinflussender menschlicher Tätigkeit verstehbar. Der Naturbegriff erweist sich daher als kontingent.

Die Natur bleibt in Bezug auf die Alltagssprache dennoch in ihrer kulturellen Dimension „natürlich". Treml (2000, S. 167 ff.) identifiziert im Sprachgebrauch eine „basale Kontingenzunterbrechung", indem sich im Natürlichen das Einfache und Selbstverständliche finden lässt. Über das Natürliche muss nicht diskutiert werden und es lässt sich erfahren. Natur kann sozusagen als das beschrieben werden, was von selbst geschieht. Sie ermöglicht einen Gegenentwurf zum Handeln und bietet ein inneres ästhetisches Bild der Sehnsucht, der Versöhnung und Vollkommenheit. Ein Entwurf, der u. a. damit veranschaulicht werden kann, dass Natur, wie zum Beispiel ein Sonnenuntergang über einem forstwirtschaftlich bewaldeten Mittelgebirgsmassiv, von der Mehrheit der Menschen als schön – weil umfassend harmonisch – empfunden wird (vgl. Bergthaller 2007, S. 193).

Verweilt ein Mensch regelmäßig in einer als natürlich verstandenen Umwelt – wie Wälder oder Gärten –, so hat dies einen positiven Effekt auf das Selbst, weil die Selbstreflexion in diesen Kontexten mit einer höheren Aufmerksamkeit vonstatten zu gehen scheint. Die Sensibilität für das eigene Selbst kann geschärft werden, und es ist dann nach Clayton (2003, S. 49) eher möglich, eine Position einzunehmen, die den eigenen Werten entspricht: „In a broader sense, the natural environment informs us about what it means to be human" (ebd., S. 50) – ein Verweis auf die spirituellen und damit kulturellen Dimensionen des Naturerlebens, der hier lediglich referiert, aber nicht diskutiert werden soll.

Damit ist nicht auf den Dualismus von Kultur und Natur verwiesen, sondern darauf, dass die Natur nicht auf ein Selbst reagiert, wie es in sozialen Kontexten der Fall ist. In diesen sind interdependente Wechselbeziehungen vorhanden, die dazu führen können, dass eine Person sich in ihrem Verhalten vom eigentlichen Kern ihres Selbst entfernt. Entsprechend dieser Betrachtung sieht Trepl (1988, S. 168 ff.) in der Ökologie als Wissenschaft das Potenzial als idiographische und hermeneutische Wissenschaft. Bei dieser geraten dann Naturphänomene als Symbole in den Fokus der Betrachtung. Dieser geht es nicht um die materielle Seite der natürlichen Bedingtheit des menschlichen Lebens oder um eine „naturbelassene" Landschaft als einen bestimmt-unbestimmten Ort. Ihr geht es vielmehr um eine symbolisch-ästhetische Seite, die die Natur für den Menschen mit einem Sinn versieht. Diese Sinnperspektive erscheint von Bedeutung, weil damit die Instrumentalisierung von Natur in den Medien sichtbar gemacht werden kann. Natur in jeder Art von Dienstleistung und Produkt bedient das ästhetische Bild der Sehnsucht und verlagert die Erfüllung ins libidinöse.

Abbildung 8: Reconnect – die Natur als Instrumentalisierung für Konsum[2]

Natur erscheint hier als Verbündeter. Durch sie und in ihr ist ein Wohlgefühl und mythische Einheit erlebbar. Psychoanalytisch erfolgt hier eine Erhöhung der Natur, mit der sich die Menschen identifizieren. Der Mensch, der zur Natur wird und Teil der Natur ist repräsentiert hier ganz Analog zu Fromm (1984b, S. 45) die eigenen Ödipuswünsche. In der inneren Beziehung zur Natur wird hier die Herrschaft der Herrschenden beseitigt, weil die Natur der wahre Gott ist und die Macht der Herrschenden hier ihre Grenze hat. Gleichzeitig verdeutlichen die Werbebotschaften mit ihren Konsumprodukten immer wieder, dass die Herrschenden diese Naturerfahrung überhaupt erst ermöglichen. Die Identifikation mit der Natur ist hier zentral, weil sie im Kontrast zur Kultur als unterdrückt und leidend erscheint wie der

---

[2] Quelle erreichbar unter: https://i.ytimg.com/vi/gE5IQqQyuSA/ maxresdefault.jpg, Stand: 12.08.2018

Mensch. Gleichzeitig als kultivierte Natur innere Freiheit suggeriert. Wird Natur als über den Menschen stehend und göttlich gedacht, so ist sie für das Unterbewusste Gott selbst.

5.3 Natur ist eine kulturabhängige Utopie: spekulative Ökologie als Ausdruck subjektiver Projektionen

Der Naturbegriff dient der Orientierung in der ökologischen Debatte, ohne dass ein Konsens darüber besteht, was Natur ist und wie sich diese erfahren lässt. Die Natur selbst kann heute in ihrer landschaftlichen Dimension als Kulturlandschaft verstanden werden, da es kaum noch vom Menschen unberührte Natur gibt. Descola (2014, S. 22) spricht in diesem Zusammenhang von einer „spekulativen Ökologie". Toadvine (2003, S. 139) stellt dar, dass der verbreitet gepflegte Dualismus des Anthropozentrismus mit der Formel „man-apart-from-nature" gegenüber der ethischen Formulierung, die Natur habe ein Eigenrecht und einen Eigenwert, ebenso irreführend sei wie die Forderung, es bestehe eine Alleinheit des Menschen als Natur in der Natur mit der Formel „human-as-a-part-of nature". Der Autor erläutert daher, dass eine ethische Betrachtung der Dialektik von Kultur und Natur nur dann zulässig und möglich sei, wenn die Unmöglichkeit anerkannt wird, eine Philosophie der Natur zu begründen. Als Argument führt er an, dass in solchen Versuchen eine Kohärenz unterstellt wird, die sich nicht überzeugend herleiten und begründen lässt. Vielfach führen entsprechende Versuche auch unter der Hand eine Wertigkeit der Natur im Verhältnis zur Kultur ein, die per se nicht gegeben ist. Vielmehr ist alles als gleichwertig anzunehmen, weil das Leben letztlich keine Negation kennt, keine Unterscheidung von gut oder böse, Leben oder Tod. Gleichzeitig schwingt in den Wertungen einer Naturphilosophie oft eine ästhetische Unterscheidung mit, die bestimmte Ausschnitte der Natur bevorzugt und andere Ausschnitte, insbesondere nicht sichtbare, gänzlich vernachlässigt, wie zum Beispiel Atome (vgl. ebd., S. 140).

Darüber hinaus kann aufgezeigt werden, dass bestimmte ökologische Argumentationen auf der Ebene der Ursache-Wirkungs-Analyse eher einen hypothetischen Gehalt haben als einen evidenzbasierten. Dabei werden Gegenstände thematisiert, die sich als Kulturbestandteil klassifizieren lassen, einer wirklichen kulturwissenschaftlichen Analyse jedoch nicht standhalten würden. Dementsprechend verwendet beispielsweise die ökologische Bewegung oftmals ein Naturverständnis, bei dem Natur als eine Orientierungsinstanz der Kultur ins Feld geführt wird. Natur wird dabei mit einem „vernünftigen" Leben in Beziehung gebracht. Die Abgrenzung zu einem mythischen Naturbild bleibt unscharf:

> ‚Natur' ist demnach nicht Natur, sondern ein Begriff, eine Norm, eine Erinnerung, ein Gegenentwurf, eine Utopie: ein Mittel in der kulturell-gesellschaftlichen Auseinandersetzung um richtige Lebensweisen und Praxisoptionen. (Gil 1994, S. 83).

Die kulturelle Semantik bewegt sich dabei jenseits einer positivistischen Vernunft und folgt gleichzeitig der Annahme, dass es eine Art kulturelles Leben gibt, welches der Einzelne intelligenz- und vernunftbasiert gestalten kann. Thurn (2008, S. 47) steigert dies überspitzt in die Bezeichnung der „sozialweltlichen Sozialisationsphantasien", die im Duktus moralischer Kommunikation Gutes und Schlechtes unterscheiden, wobei sie in ihrer kulturellen Konstruiertheit die positive Seite der Unterscheidung bevorzugt behandeln. Mit Hampe (2013, S. 22) kann man daher das Fazit ziehen, dass sich der Nachhaltigkeitsdiskurs nicht wirklich an der „Natur" orientiert. Natur erscheint vielmehr als ein Konstrukt, dass den Gegenentwurf zur real erlebten Lebenssituation repräsentiert. Wird die Möglichkeit in Betracht gezogen Zeit in einer kulturüberformten Natur zu verbringen, erscheint das eigene Leben erträglicher und es muss nicht wirklich etwas verändert werden. Der Mensch wird in seinen inneren Spannungen beruhigt und in einer selbstverschuldeten Verantwortungslosigkeit bestärkt. Natur, so kann gemutmaßt werden, ist eine Kompensation zu den eigenen Aggressionen. Es geht hier um eine Sublimierungsfähigkeit, in der die Natur als eine Art Ideologie gewertet werden kann, die für den Stoffwechsel zwischen dem Menschen und seiner Umgebung steht. In der Natur, so kann in Anlehnung an Fromm (1932, S. 46f.) geschlussfolgert werden, findet sich ein libidinöser Resonanzboden.

Die Form des Menschen in Form von Autoaggressionen richtet sich über Arbeit, Leistungsanspruch und Süchte oder der Selbstoptimierung gegen sich selbst, erscheint im Kontext von Natur erträglich und muss sich so nicht gegen die herrschenden Autoritäten richten. Zu bedenken wäre, wie viel Zeit der Mensch tatsächlich in der Natur verbringen könnte, wenn er es denn wirklich tun dürfen sollte, wenn er nicht seine Zeit dafür investierte einen viel zu Großen und für den Stadtverkehr überdimensionierten SUV finanzieren zu müssen. Oder anders gefragt: Wer kennt einen SUV Besitzer, der sein kostbares Gefährt einer echten und harten Probe im Gelände aussetzen würde ohne die Angst im Nacken, dass ihm die Querlenker brechen? Oder wer kennt einen SUV Besitzer der tatsächlich durch unberührte Natur bis auf den Kamm eines Höhenzuges fährt (bzw. überhaupt fahren darf), um in echter Abgeschiedenheit die Weite der Landschaft zu genießen. So bleibt die Natur nur als symbolischer Gegenentwurf für das selbst erfahrene Leid, was sich im Tun und im Ringen um Anerkennung immer wieder aktualisiert (vgl. Theweleit 1990. S. 19). Hier lässt sich in der Schönheit des Natürlichen Gnade, Heil und Glück erfahren (vgl. Fromm 1984a, S. 61).

Abbildung 9: Natur als Konstrukt und Gegenentwurf zur real erlebten Lebenssituation[3]

5.4 Menschliche Natur ist Kultur: Naturverständnis als kulturelle Metapher

Breuer (2012, S. 92) skizziert in Anlehnung an die Rede von Papst Benedikt XVI. über die Ökologie des Menschen, wie es zu einer Wiederentdeckung der Natur des Menschen komme. Dabei wird ein Naturverständnis unterstellt,

[3] Quelle erreichbar unter: https://issuu.com/niederoesterreich/docs/ 17_gesundheit_200x270_v1_ansicht, Stand: 12.08.2018

welches sich als „kulturelle Metapher" (ebd., S. 92) deuten lässt. Dieses Naturverständnis kann als selbstbezüglich und gleichzeitig disjunktiv interpretiert werden: Die gesellschaftlichen Verhältnisse werden als natürlich bzw. der menschlichen Natur entspringend beschrieben, wodurch sie ungewollt einer kritischen Betrachtung entrückt zu einer Stabilisierung des Naturverhältnisses beitragen. Die gängige Gegenüberstellung von Kultur und Natur wird aufgegeben und die Kultur kurzerhand als menschliche Natur interpretiert, die über den Bedeutungszusammenhang von Natur als Landschaft oder Materie hinausweist:

> Kultur ist ein Produkt der menschlichen Evolution, also ein Produkt eines Naturprinzips par excellence; sie ist selbst einer Evolution – nämlich der kulturellen – unterworfen. Und erst durch diese kulturelle Evolution ist ein selbst- und naturerkennendes Subjekt entstanden, das sich durch seine Wahrnehmung ein Bild der Natur konstruiert: Kultur – ein Produkt der Natur, Natur – ein Konstrukt der Kultur?! (Valsangiacomo 1998, S. 167).

In der Diskussion um das Selbst des Menschen wird zur Auflösung solcher und ähnlicher Zirkelschlüsse immer wieder zwischen einer ersten Natur und einer zweiten Natur unterschieden, was dem Dualismus aus Natur (Körper) und Kultur (Gesellschaft) entspricht. Herzog (1991, S. 269) plädiert daher dafür, die Kultur als einen Teil der menschlichen Natur zu bezeichnen, weil sie das Menschliche ausmache. Den Menschen kann man daher als „natürlich-kulturelles Doppelwesen" (Hohnsträter 2004, S. 18) bezeichnen. Es kann insgesamt der Schluss gezogen werden, dass verschiedene Forschungsbemühungen im Prinzip darauf hinauslaufen, dass die Unmittelbarkeit der humanen Lebensverhältnisse zurückgewonnen werden könnten. Dies erscheint unter den gegenwärtigen Lebensverhältnissen als Mythos. Mythos deswegen, weil Weltbilder über die Natur des Menschen geformt werden, die dem Zeitgeist entsprechen:

> Der Mythos von morgen über die menschliche Natur muss wohl der von der ‚Bewußtheitsmaschine' sein, weil er in einem wissenschaftlichen Zeitalter, in dem der Wille gesteuert werden kann, annehmbarer ist als die dualistische These eines unverletzlichen Kerns im Menschen. (London 1973, S. 234).

Natur erscheint als eine trostspendende Instanz kommuniziert zu werden, um der Illusion Rechnung zu tragen, gemäß dem eigenen rationalen und freien Willen zu handeln. Es kommt zum Ausdruck, der Mensch müsse sich zwar jetzt von seinem biologischen und psychologischen Wesenskern abspalten, aber in einer unbestimmt fernen Zukunft ist die Rückkehr zum eigenen Wesenskern und die Erfüllung der Sehnsucht nach Ursprünglichkeit, Unmittelbarkeit und Einheit möglich. Nicht ohne Grund wird der Prozess von Burn-Out-Patienten, die in ihren Beruf zurückkehren möchten, paradoxerweise als Wiedereingliederung beschrieben (vgl. Holzapfel 2015). Paradox deswegen, weil der erkrankte Mensch nicht seinem Wesen nach beruflich handeln soll, sondern weil er an das krankmachende System wieder angepasst werden soll. Schließlich ist der Patient krank und nicht das System (vgl. Caruso 1972, S. 21). Von der Überwindung des mechanistischen Mythos der Funktionserfüllung und einer Rückbesinnung auf den tierischen Ursprung des Menschen verspricht sich diese Argumentationslinie eine Rückeroberung der Frage nach dem Wesen des Menschen und seiner Empfindungskraft. Es bedarf nämlich – so das Argument – nicht allein der Erhaltung der Dinge, der Natur, der Umwelt, es bedarf der Erhaltung des Menschen (vgl. London 1973, S. 237).

5.6 Menschliche Kultur entfremdet sich von der eigenen Natur: Der überlistete Mensch

Der konstitutive Dualismus zwischen Natur und Kultur begründet letztlich die dominante Ausbreitung einer Quantifizierung der Natur, bei der der Mensch nach Bosselmann (1992, S. 45) Täter und gleichermaßen Opfer ist. In dieser Doppelrolle erschuf er sich eine Wirklichkeit, die von immanenten Zwecken abgelöst betrachtet werden kann. Sie führte letztlich zu einer Entgrenzung des Menschlichen vom Wahren und Guten, d. h. der Essenz des Seins. Sicherlich lässt sich vermuten, dass die damit verbundene Entfremdung des Menschen von seiner eigenen Natur eine tieferliegende Ursache hat, deren Auswirkungen wiederum als natürlicher Vorgang beschrieben werden kann. Zu dieser Schlussfolgerung gelangt Sadegh-Zadeh (2000, S. 10 ff./S. 107), indem er die biologische Evolution und die technologische Evolution aufeinander bezieht. Entsprechend der evolutionären Gesetzmäßigkeiten führt dies zu einer Bio-Techno-Koevolution. Das menschliche Bewertungs- und Wahrnehmungssystem wird dabei gewissermaßen durch den über Generationen hinweg stattfindenden Prozess der Symbiose mit der Technik überlistet. Diente ursprünglich die Technik dazu, bestimmte handwerkliche und landwirtschaftliche Zwecke zu erreichen, hat sie heute oftmals einen über eine spezifische handlungspraktische Funktion hinausgehenden Selbstzweck, welcher die Beziehung des Menschen zur Welt und damit auch zu sich selbst verändert. Der Mensch erscheint damit nicht mehr als „Herrscher" der Technik, sondern als dessen „Untertan", weil er die psychosozialen Folgen schon lange nicht mehr versteht und im Griff hat.

Die Lebensgestaltung der heutigen Menschheit scheint deshalb nur noch darauf gerichtet zu sein, das materielle Überleben zu sichern und dabei die Entfaltung der eigenen Person und eines wirklich sinnhaften Lebens zu vernachlässigen. Das Ergebnis dieser Lebensform ist ein Funktionieren, was Körper und Geist trennt, weil die Rationalität die Emotionalität zu dominieren droht. Dies behindert den Menschen dabei, dass er seine wahre Natur erkennen kann (vgl. Büntig 2010, S. I ff.). Eine Anthropologie, die von einer Differenzierung zwischen Mensch und Natur ausgeht und dabei die Begriffe der Freiheit und Natur einfach einander gegenüberstellt, ist aus sozialökologische Perspektive deshalb nicht mehr als zeitgemäß zu betrachten (vgl. Treml 1987, S. 60). Für eine solche kritische Distanzierung vom Dualismus sprechen die dysfunktionalen Folgen, die sich mit dem Ressourcenverbrauch der äußeren Umwelt und der inneren Wirklichkeit ergeben. Es entsteht ein kollektives Leiden, wofür als Indikator ein zunehmender Therapiebedarf als gesamtgesellschaftliches Phänomen gewonnen werden kann (vgl. Ehrenberg 2008). Insgesamt kann man das Fazit ziehen, dass die infolge der Naturbeherrschung entstandene funktionale Differenzierung und damit auch die Erziehung „[...] sich gegen das menschliche Leben selbst wendet“ (Treml 1987, S. 61).

Und dies kann nicht nur als beobachtbare Folge beschrieben werden, sondern im Sinne der Herrschenden als bewusst inszeniertes Programm. In dem der Mensch das Gespür für seine wahren Bedürfnisse verliert und sich den suggerierten Bedürfnissen aus Markt und Kollektiv unterwirft, wird er und bleibt er gefügig. Denn seine größte Angst ist, aus der Gemeinschaft herauszufallen und Außenseiter zu sein (vgl. Fromms 2004, S. 104).

5.7 Natur unterstützt menschliche Kultur: Soziale Dimension zur funktionalen Unterstützung nachhaltiger Entwicklung

Die Natur unterstützt die menschliche Kultur im doppelten Sinne. Zum einen kann die menschliche Kultur als materiell verfasst und bedingt verstanden werden, zum anderen unterstützt die Natur den Menschen dabei, mit den Folgen der Moderne umzugehen, wie im Ansatz des Green Care zum Ausdruck kommt. Es geht darum, mithilfe von Natur, wie zum Beispiel Wald, Tieren oder naturnahen Tätigkeiten wie Garten- und Landwirtschaft, die mentale und physische Gesundheit für eine Steigerung der Lebensqualität zu fördern. Die Erfahrungen basieren auf einer langen Tradition. Sie gehen zum Beispiel auf Anfänge in Flandern im 13. Jahrhundert zurück, wo sich Spuren einer therapeutischen Community um den heiligen Schrein des St. Dympna nachweisen lassen. Auch bei der Behandlung von Tuberkulose im 18. und 19. Jahrhundert oder für die landwirtschaftlichen Aktivitäten von Gefangenen in den dreißiger Jahren des 19. Jahrhunderts in Griechenland u. a. m. lassen sich solche naturverbundenen Ansätze nachweisen (vgl. Gallis 2013, S. 3 ff.).

Green Care wird als Überbegriff für verschiedene Aktivitäten verwandt – wie zum Beispiel tiergestützte Therapie, Gartentherapie, pflegerische

Landwirtschaft, Natur- bzw. Wildnistherapie, Ecotherapie und naturnahe Erlebnispädagogik. Es geht im Kern darum, die Natur als Gegenbegriff zur Stadt oder zu abstrakten Tätigkeiten und Gewohnheiten zu erfahren und mit natürlichen Elementen zu interagieren (vgl. Sempik & Bragg 2013, S. 12 f.). Mithilfe neurowissenschaftlicher Methoden konnten bei solchen Ansätzen tatsächlich Effekte in Bezug auf die Aktivität des Sympathikus und Parasympathikus und des endokrinen Systems, das insbesondere im Bereich des Hypothalamus wirkt, nachgewiesen werden (vgl. Qing Li 2013, S. 143 ff.). Green Care steigert aber nicht nur das individuelle Wohlbefinden, sondern auch das soziale Wohlbefinden. Leck et al. (2013, S. 167 ff.) stellen dies zusammenfassend anhand verschiedener Studien dar. Die soziale Dimension unterstützt die Nachhaltigkeitsdimension ihrerseits zum Beispiel in Form

- sozialer Netzwerke,
- sozialer Interaktion mit Tieren,
- sozialer Interaktion mit Menschen,
- unterstützender Beziehungen,
- gegenseitiger Beziehungen,
- Bildung von Gemeinschaften u. a.

Leck et al. (2013, S. 178 f.) schreiben:

> Social well-being has been shown to accrue through green care at both the individual and collective level and is facilitated through the development of genuine and functional support networks. [...] Green care is all about making connections. The natural environment can help participants to reconnect with themselves, but it is the associated social environment that ultimately enables them to connect with others and build the relationships that communities require to flourish. It is perhaps only through quite fundamental changes to our economic, corporate and political Systems that it will become possible to facilitate the healing of people, Society and ecological Systems and thereby enable everyone to enjoy the multiple benefits provided by a truly sustainable quality of life.

Doch dem Gedanken des Green Care haftet der Habitus des Reparaturdenkens an. Menschen, die aus der Gesellschaft und ihren Anforderungen herausfallen, werden hier wieder „aufgepäppelt“ und das Abweichende repariert. Sie werden sozusagen für die Gesellschaft normalisiert (vgl. Ehrenberg 2015, S. 12).

5.8 Natur als Bedrohung: Ökologie der Macht zur Verhaltenssteuerung der Massen

Der Gedanke lässt sich sogar noch drastischer fortführen. Die Figur der Umwelt als balancierte Normalität erfährt einen Wandel zur generalisierten

Krise mit sehr großen Extremen. Diese Extreme haben nach Massumi (2009, S. 153ff.) machtpolitische Konsequenzen, die als Biopolitik beschrieben werden. Am Beispiel des Auftretens von G.W. Bush in New Orleans nach dem Hurrican Katrina verdeutlicht der Autor dabei die Verschiebung. Es wird der Hurrican als eine so herausragende und außergewöhnliche Naturkatastrophe beschrieben, dass es eine Verlagerung von Truppen aus dem Kriegsgebiet Irak nach New Orleans rechtfertigt. Dies schafft eine analytische Verbindung zwischen Krieg und Wetter, um die Ökologie der Macht (oder auch Herrschaft) in Anlehnung an Foucault zu beschreiben. Die Ökologie im Sinne der äußeren Umwelt wird selbst zum Machtinstrument und dient der Rechtfertigung verfügbare Mittel und eben meist Technologien einzusetzen. Die Biomacht – auch in Form von Großkonzernen – stellt dabei eine Umkehrung der konventionellen Macht dar.

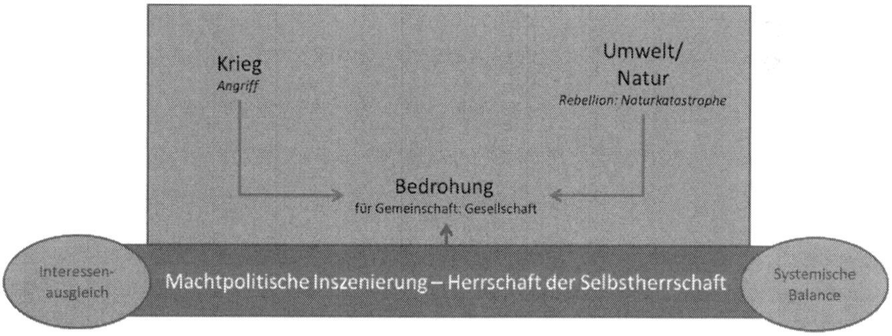

Abbildung 10: Ökologie der Macht
Eigene Darstellung in Anlehnung an Massumi 2009, S. 153ff.; Greve 2009 345ff.

Die konventionelle Macht folge der Formel zu töten oder leben zu lassen. Die Biomacht folge dagegen der Formel zu leben oder sterben zu lassen. Kriege wie der Kampf gegen die äußere Umwelt stellen dabei für die Gesellschaft eine Bedrohung dar. Diese Bedrohung kann machtpolitisch genutzt werden, um Stärke und Handlungsfähigkeit zu inszenieren, da es den eigenen Wohlstand zu verteidigen gilt. Die Stärke ist dabei nicht faktisch zu verstehen, sondern als Strategieoption. Dieses Modell der Ökologie der Macht kann auf der Makroebene eingeordnet werden. Demgegenüber kann eine Perspektivverschiebung auf die Mikroebene eingeführt werden. Hier steht im Zentrum das Individuum mit seinem Selbst. Es befindet sich ebenfalls im Verhältnis zur Umwelt. Besonders dominant erscheint dabei die innere Umwelt zu sein, die im Sinne eines Krisenverständnisses rebelliert: Der eigene Körper.

Die Bedrohung kommt dabei aus der Arbeitsplatzsituation, die als Angriff auf die eigene Integrität gewertet werden kann (vgl. Lohmann-Haislah 2012), was sich durch diffuse Konkurrenzsituationen durch Arbeitsplatzverlust, Karriereoptionen oder globalisierte Weltmärkte ergibt.

Die Folge sind auf der Makroebene für die äußere Umwelt Katastrophen wie ein Hurrican und äquivalent auf der Mikroebene mit der inneren Umwelt Krisen wie Burn Out oder Neurosen – das eigene Leiden schlecht hin. Ein Zusammenhang kann mit Greve (2009, S. 345ff.) aus der Analyse der ontogenetischen und phylogenetischen Entwicklungen des Menschen hergestellt werden. Das eigene Leiden kann demnach als ein Verlust der Selbstherrschaft interpretiert werden und das gerade diese Selbstherrschaft jedoch eine Voraussetzung für eine nachhaltige Interaktion sei.

In dieser Inszenierung von Umwelt wird ein Moment der Verhaltenssteuerung sichtbar, die sich über Macht konstituiert. Darin wird aber auch ein ambivalentes Verhältnis des Menschen zum Metaphysischen sichtbar, welches sich in Gottheiten, Mythen, Hexerei oder Schamanentum wiederspiegelt, und auf das Ungewisse und Nichtkontrollierbare gegenüber den Naturgewalten verweist. London (1973, S. 26ff.) veranschaulicht die darin enthaltene Verhaltenssteuerung, die sich aus drei Elementen zusammensetzt: Herrschaft, Schaffung religiöser Institutionen sowie Unterbindung von Widerstand bzw. Aufständen.

Im Wesentlichen erfolgte über die Kriseninszenierung von Naturkatastrophen und Ressourcenengpässen eine Verhaltenssteuerung über Angst und Wunscherfüllung. Dies stellt aus heutiger Sicht eine klassische psychologische Technik dar, weil gegenüber den Zielgruppen eine Erwartungsabwägung induziert wird, zwischen Verlust und Gewinn abzuwägen. Das entscheidende Erfolgsmoment kann im „katalytischen Effekt" (ebd. S. 28) gesehen werden, weil der Einzelne zwar als Einheit noch in seinem Ich-Bewusstsein agiert, gleichzeitig aber sein Verhalten an das Verhalten der anderen anpasst, d.h. das tut, was alle tun. Für den Effekt bedarf es eines Katalysators, eines Mediums, was unabhängig von der sachlichen Information ein Gefühl bei der Mehrheit der beteiligten erzeugt, damit es verhaltensrelevant wird, welchen London (1973, S. 30) als „psychologischen Katalysator" bezeichnet.

Eine weitere Form der Verhaltenssteuerung kann in der Steuerung durch Informationen gesehen werden. Information bezieht sich dabei auf die Innenseite des Erlebens, d.h. auf Techniken, unabhängig von äußeren Informationen das Denken und Fühlen in einer gewünschten Richtung beizubehalten. Es kann sich aber auch auf die Außenseite beziehen, indem Informationen gezielt dazu genutzt werden Verhalten zu steuern, so dass Menschen in einer gewünschten Art agieren und reagieren.

De Haan (1985, S. 160ff.) beobachtet dementsprechend ein „Verschwinden des Subjekts" bzw. eine „Technisierung des 'Subjekts'" in der Umwelterziehung." Diese Annahme ergibt sich aus Bezügen zu Vertretern der kritischen Theorie, die Fragen der Institutionalisierung von Herrschaft und die Rolle der Produktivkräfte verfolgen. Selbstbestimmung, Emanzipation oder auch gesellschaftliche Teilhabe degenerieren hier in der Moderne zu Worthülsen. Dies ergibt sich aus der Einordnung des Subjekts in das Wechselverhältnis aus Natur und Technik innerhalb der Produktionsprozesse. Demnach wird im Kontext der nachhaltigen Entwicklung als Ausdruck einer naturbeherrschenden Biopolitik überwiegend der Versuch unternommen die Technik an die Natur anzugleichen, indem die Technik bezüglich der Ressourcennutzung optimiert wird. Das Subjekt wird dann wiederum in seinen Denkstrukturen an die Logik der Technik mit seiner Mechanisierung der Welt angeglichen. Das Subjekt folge dementsprechend einer Tendenz der Selbsttechnisierung, die nicht wirklich auf eine Angleichung des Subjekts an die Natur ausgerichtet sei. Die Technik dominiert in dieser Perspektive als kulturbestimmendes Merkmal und kann als Wegbereiter für die Effizienzszenarien des Typen 2 zur Energie- und Ressourceneffizienz angesehen werden. Entsprechend dieser Situationsbeschreibung plädiert der Autor 1985 auch für eine Neubestimmung des Verhältnisses der Begriffe Kultur und Natur (vgl. Kap. 5).

5.9 Zwischenfazit: Natur als Erkenntnisproblem und Ausdruck gesellschaftlicher Naturverhältnisse

Die dargestellten Dimensionen des Verhältnisses der Kultur zur Natur zeigen deutlich, dass die beiden Begriffe in verschiedenen Kontexten unterschiedliche Bedeutungen transportieren. Die Vertreter einer naturwissenschaftlichen Ökologie analysieren die Natur als lebensbestimmende Ressourcengrundlage im strukturierenden Raum des Lebens. Auch der Kulturbegriff kann nach Finke (2005, S. 77) in diese Logik eingeordnet werden, da die Kultur ihrerseits lebensbestimmende Ressourcen bereitstellt, die, wenn auch in symbolischer Weise, den Raum des menschlichen Lebens strukturieren. Kultur verbindet somit die materiellen Dimensionen mit den sozialen und psychischen Dimensionen als Kombination von Gebrauchsgegenständen und ihren symbolischen Bedeutungen. Als Beschreibung einer angemessenen Lebensweise durchformt sich in ihr Natur und Kultur. Darüber hinaus bezeichnet Kultur die Ausgestaltung praktischer Lebensbewältigung. Relevante Verschränkungen zwischen einer sozialökologischen Forschung und den konnotativen Feldern von Natur und Kultur ergeben sich aus der Genese von Erkenntnisproblemen, die in diesen Begriffen selbst angelegt sind. Meist werden diese ausgeblendet, und es wird verpasst zu klären, in welchem Duktus und Kontext die Begriffe verwandt werden. Erkenntnisprobleme ergeben sich dann daraus, dass nicht erkennbar ist, um welche Natur bzw. Kultur es sich handelt und was das Natürliche in der Natur oder das Kulturelle in der Kultur ist, ganz so, als ob sie mehr verschleiern als erklären sollen. Die vorliegende Arbeit kommt daher zu folgender zusammenfassenden Begriffsverwendung:

- **Natur** wird einerseits als organische und anorganische Umwelt beschrieben, die ein einfaches und oft auch ästhetisierendes Gegenbild zur Kultur markiert. Als Unterscheidung gegenüber der Kultur besitzt sie eine genuine Wertigkeit. Natur ist gleichwohl nicht nur ein spezifisch-unspezifischer Ort zum Beispiel als Landschaft, sondern markiert auch als kulturelle Metapher die innere Natur des Menschen, wobei diese meist als Opfer einer funktionalistischen Kultur gesehen wird. Dementsprechend wird in der vorliegenden Untersuchung die Natur als Umwelt und auch als Gegenprogramm im Sinne eines Ermöglichungsraumes naturnaher und erholsamer Aktivitäten in den Blick gerückt. Faktisch wird sie dazu als Mythos konstruiert, als trostspendende Instanz. Die Identifikation des Menschen mit der Natur erfüllt eine Wunscherfüllungsphantasie, in der die Wunscherfüllung nach einem erfüllten und sinnhaften Leben verlagert wird. Natur kann so als symbolischer Gegenentwurf zu den gesellschaftlichen Verhältnissen gedeutet werden, der als libidinöser Resonanzboden und trostspendende Instanz dient.
- **Kultur** erscheint einerseits in einer gesellschaftskritischen Perspektive als ein naturzerstörender „Virus“ oder gar „Parasit“. Kultur wird damit als „Täter“ mit kollektiv geteilten Selbstverständlichkeiten beschrieben, welcher zu einer Entfremdung und Entgrenzung des Menschen gegenüber der äußeren und inneren Natur beiträgt. Hier wird zwischen einer Kultur der Herrschenden und Mächtigen zu einer romantisch-idealisierten Perspektive von Kultur (vgl. Huber 2011, S. 25) als Norm für ein „vernünftiges“ naturbezogenes Leben unterschieden. Die Natur wird symbolisch und ästhetisch häufig überhöht definiert. Sie steht für die Sehnsucht nach der Unmittelbarkeit der Lebensverhältnisse und Empfindungstiefe. Das Zusammenspiel der menschlichen Kultur mit naturnahen Aktivitäten begünstigt letztlich die Förderung einer sozialkulturellen Kohärenz, die im Einklang mit der Natur des Menschen stehen soll. Sie steht für eine Art ökologisch motivierte und politische Befreiungsbewegung. In ihr kommt der bewusste Hass gegen das herrschende Establishment und der unbewusste Hass gegen die Vätergeneration zum Ausdruck bzw. wird darin zur Unkenntlichkeit verschleiert. Natur wird dafür als ästhetisches und sinnstiftendes Bild instrumentalisiert. Die Sehnsucht nach einem sinnerfüllten und ursprünglichen Leben wird ins Libidinöse verlagert. Das ästhetische Bild in Produkten und Dienstleistungen dient in der Option und im Vollzug des Konsumierens der Kompensation von Aggressionen.

Das Verhältnis von Gesellschaft und Individuum, so das Fazit, kann da lokalisiert werden, wo kulturelle Kategorien in ein passives ausgeliefert sein führen. Kultur steht hier für ein habitualisiertes Unbewusstsein, dass es theoretisch zu erschließen gilt. Hinter dem Unbewussten kann eine Dynamik vermutet werden, die analysiert werden kann und Rückschlüsse auf einen Untersuchungsgegenstand zulässt (vgl. Saller 2001, S. 105). Erkenntnistheoretisch wird hier eine Analogiebildung hinterlegt, die Verbindungen zwischen stofflichen, psychischen und sozialen Aspekten des Körperlichen herstellt. Im Sinne des Modells der Fraktale ist im größeren Systemzusammenhang die Logik des niedrigeren Systems enthalten bzw. wirkt zirkulär darauf zurück.

6 Das Nachhaltigkeitsdogma: Ein Deutungsversuch

Ein Dogma gleicht einem Mythos. In ihm wird eine Geschichte sichtbar, die sich in Raum und Zeit ereignet und dennoch symbolisch zu deuten ist und nicht faktisch. Ein Dogma kann als Ausdruck von philosophischen Ideen gesehen werden oder mehr noch als „[...] Erfahrungen der Seele [...]“ (Fromm 1984b, S. 130). Eine zentrale Bedeutung liegt demnach darin, dass in einem Dogma nicht unbedingt die Weisheit einer Zeit zu sehen ist, sondern ein Ausdruck irrationaler und gar antisozialer Impulse. In ihm wird eine Wahrheit sichtbar und diese beruht auf der Erkenntnis der Gesellschaft über die von ihr wahrgenommene Objektivität.

Nachhaltigkeit und das Konzept nachhaltiger Entwicklung können genau als solch ein Dogma verstanden werden (vgl. Weizäcker 2015, [1]). Im eher neoliberal zu deutenden alternativen Kopenhagen-Manifest wird das Nachhaltigkeitsdogma dementsprechend kritisch betrachtet. Dabei wird erstens formuliert, dass es in der Gesellschaft existiert und zweitens dargestellt, dass es zentrale Entwicklungen verhindert: „Der Nachhaltigkeitsgedanke wirkt wie eine mentale Zwangsjacke.“ (ptMagagzin 2010, Kap. 4). Der Gedanke der Zwangsjacke ist dafür in doppelter Hinsicht zu deuten:

1. Ersten verhindert er mögliche soziale und technologische Innovationen, weil in das Wirtschaftssystem sehr stark regulierend eingegriffen wird. Hier kann von einem Erhalt des Status-Quo der gegenwärtigen Markt- und Produktionsbedingungen, d.h. Herrschaftsbedingungen im Sinne des klassischen Paradigmas des Wachstums und des materiell geprägten Wohlfahrtsverständnisses gesprochen werden.
2. Zweitens bezieht sich der Gedanke der Zwangsjacke auf die breite Masse selbst, die in der Logik der Postmoderne und der Selbstinstitutionalisierung handeln und „überleben“ muss. Das Nachhaltigkeitsdogma bietet die Möglichkeit mit den Herausforderungen der Zeit umzugehen, die Treml (2000, S. 250ff.) mit Entgrenzung, Beschleunigung, Kontingenz und Individualisierung umschreibt: Das Gesetz als äußerer Rahmen mit allgemeingültigen Werten, Normen und Regeln löst sich auf, da das Verhältnis von Erlaubten und Verbotenen durch veränderte soziale Beziehungen und damit veränderte soziale Kontrolle bis hin zur scheinbaren Gleichgültigkeit in ein Paradox der Entscheidungen führt (Entgrenzung): ein Möglichkeitsraum als Spannungsfeld von Möglichkeiten und Unmöglichkeiten. Gleichzeitig verschiebt sich das Verhältnis zu Disziplin und Gehorsam. Da wo sich soziale Verhältnisse verändern (Beschleunigung), verändert sich das Verhältnis vom Individuum zu seiner sozialen Umwelt und damit zur Gesellschaft. Da wo Gesellschaft

an Relevanz verliert, nimmt auch die Bereitschaft und die Notwendigkeit zu Gehorsam ab, die sich als normative Veränderungen zusammenfassen lassen (Kontingenz): „Das Idealindividuum wird nicht mehr an seiner Gefügigkeit gemessen, sondern an seiner Initiative. Hierin liegt eine der entscheidenden Veränderungen unserer Lebensweise, denn man kann sich nicht nach Belieben für oder gegen diese Regulationsmechanismen entscheiden, sie gelten für alle, bei Strafe des Ausschlusses aus der Gemeinschaft. Sie manifestieren »den allgemeinen Geist« unserer Gesellschaften, sie sind die Institutionen des Selbst." (Ehrenberg 2008, S. 18f.) Mit dieser Komplexität und dem Paradigma der Selbstverantwortung umzugehen, dazu bietet das Nachhaltigkeitsdogma einen Rahmen, in der Initiative und Selbstoptimierung zur neuen Gefügigkeit werden (Individualisierung).

Der Gedanke des Nachhaltigkeitsdogmas greift in der vorliegenden Analyse dazu das Konzept des Ödipuskomplexes auf. Dazu wird im Sinne Fromms (1984b, S. 131) ein sozialpsychologischer Zugriff versucht und im gesellschaftlichen Umgang mit dem Thema der nachhaltigen Entwicklung eine Kulturanalyse durchgeführt, die grundsätzlich den Umgang mit und die grundsätzliche Einstellung gegenüber Autoritäten thematisiert. Im Kern geht es um eine Kompensation sexuell motivierter Wünsche und Triebe, die als Rationalisierung in der ökologischen Bewegung ihren Anfang finden.

> Wie sich in der Familie das Kind der Herrschaft des Vaters unterwirft, so geschieht dies im Sozialen und Politischen unter die jeweiligen Machthaber. Die mit dieser Unterwerfung einhergehenden Ängste und Frustrationen werden durch die „Liebe" des Staates (des Vaters) und die Zugehörigkeit [...] narzißtisch kompensiert und befriedigt. Diese Befriedigungen, welche die Herrschenden den Untertanen bieten, sind libidinöser Natur und spielen sich hauptsächlich in der Phantasie ab. (Levy 2000, S. 19).

Mit der formalogischen Analyse von Stegmüller (1986, S. 424ff.) kann dies folgendermaßen dargestellt werden:

1. Zum Zeitpunkt t1 tritt ein unbewusster Akt a1 ein, der durch ein negatives Erlebnis realisiert bzw. ausgelöst wird, zum Beispiel das Ödipusverbrechen als mentale Vorstellung in der Ursprungsfamilie.
2. Entweder: Wird dieses negative Erlebnis e1neg verdrängt und niemals realisiert, kann eine Person in Bezug auf dieses Thema neurotisch werden.
3. Oder: Das negative Erlebnis e1neg führt zu einer Sublimierung durch eine Ersatzrealisation, d.h. einer Verwirklichung im Rahmen unbewusster Akte wie zum Beispiel der Autoritätskampf im Ödipusverbrechen verlagert sich in der ökologischen Bewegung auf andere Autoritäten in Wirtschaft und Politik. Das Verhältnis zu diesen Autoritäten bleibt dabei ambivalent, weil sie einerseits als Gegner betrachtet und bekämpft werden, andererseits als Verbündete der Zielerreichung dienen sollen.

Die Analyse zeigt darüber hinaus auf, dass ein Shift von der ökologischen Bewegung als Triebfeder der nachhaltigen Entwicklung hin zu einer Institutionalisierung über die wirtschaftlichen und politischen Eliten in Form der Effizienzszenarieren und Status-Quo-Szenarien erfolgt (vgl. Abschn. 4.5/4.6). Ursprünglich wurde das Paradigma von Verzicht verfolgt und die Frage gestellt, wie das „gute und vernünftige Leben" jenseits der gesellschaftlich etablierten Strukturen möglich ist. Damit wird die Kritik an der Ökonomie mit den Prinzipien der Industrialisierung und des Kapitalismus verbunden (vgl. Abschn. 4.1). In der Ökonomiekritik werden Aggressionen gegen die Autoritäten rationalisiert und in Form politischer Opposition als Naturschutzinitiativen sichtbar und ausgetragen. Sie wendet sich als Ausdruck unbewusster Aggressionen gegen die moderne Religion bzw. den Totemismus der Konsumgesellschaft (vgl. Abschn. 4.5).

Im Rahmen der Institutionalisierung konnte dann eine herrschaftsförmige Bearbeitung gesellschaftlicher Naturverhältnisse identifiziert werden (vgl. Abschn. 4.4), die darauf ausgerichtet ist, die Herrschaft zu sichern und einen Wandel der Aggression gegen die Autoritäten in Autoaggressionen über den Marketingcharakter der Natur – insbesondere der inneren Natur mit den Praktiken und Lehren aus Fernost – zu vollziehen (vgl. Abschn. 5.2ff.). Die Institutionalisierung dient dazu eine Legitimationsfassade zu schaffen und den Nachhaltigkeitsframe auf das Effizienzproblem durch angepasste Produktionsverfahren und neue „naturnahe" Produkte und Dienstleistungen anzuwenden.

Das Verständnis der Natur und die Instrumentalisierung der Natur als symbolischer Gegenentwurf zum eigenen Leid, aber auch zur Identifikation der Menschen mit dem Leiden der Natur als Entsprechung zu ihrem eigenen Leiden, fungiert als trostspendende Instanz. Natur wird zur Lifestyle-Inszenierung und verkommt zur Marketingware, die stark mit Produkten und Dienstleistungen verbunden ist. Die Ödipuswünsche werden in dieser Entwicklung getilgt, da sich die politischen Eliten zum einen als Beschützer gegen die Natur als Bedrohung inszenieren (vgl. Abschn. 5.8) und zum anderen die Eliten in ihrer Autorität nicht in Frage gestellt werden brauchen, da sie den Zugang zur Natur überhaupt erst ermöglichen. Natur in ihrer kulturellen Dimension wird zum Teil des menschlich kulturellen Lebens. Der lifestylebezogene Konsum und die dafür notwendige Anpassung in das System aus Arbeit und Leistung, d.h. Kapitalismus und Industrialismus wird zum Ausdruck einer passiven Bindung an die „väterlichen" Autoritäten.

Natur erscheint als ein inszeniertes Konstrukt, das als Gegenentwurf zur real erlebten Lebenssituation medial präsentiert wird. Wird die Möglichkeit in Betracht gezogen Zeit in einer kulturüberformten Natur mit allen möglichen und scheinbar notwendigen Lifestyle-Produkten zu verbringen, erscheint das eigene Leben erträglicher und es muss nicht wirklich etwas verändert werden. Der Mensch wird in seinen inneren Spannungen beruhigt und in einer selbstverschuldeten Verantwortungslosigkeit bestärkt. Natur, so kann gemutmaßt werden, ist eine Kompensation zu den eigenen Aggressionen.

Die instrumentalisierte Nutzung des Naturbildes erscheint auch notwendig, da die Aggressionen trotz der Institutionalisierung der nachhaltigen Entwicklung unverändert vorhanden sind. Es geht hier um eine Sublimierungsfähigkeit, in der die Natur als eine Art Ideologie gewertet werden kann, die für den Stoffwechsel zwischen den Menschen und ihrer Umgebung steht. In der Natur, so kann in Anlehnung an Fromm (1932, S. 46f.) geschlussfolgert werden, findet sich ein libidinöser Resonanzboden, insbesondere vor dem Hintergrund, dass eine Veränderung der Argumentation von einer äußeren Natur zur inneren Natur des Menschen zu beobachten ist (vgl. Abschn. 4.6). Für die gesellschaftliche Stabilität ist dieser Shift auch nötig. Hier kann der einzelne erleben, dass er für das empfundene Leid selbst verantwortlich ist und die Schuld nicht bei den Umständen oder den Herrschenden sucht. Es gilt nicht mehr die Aussage „das gute und vernünftige, d.h. nachhaltige Leben wird noch kommen", sondern das gute und vernünftige Leben ist Teil der Marketing- und Konsumlogik, gegen die sich die ursprüngliche ökologische Bewegung gewendet hat. Das gute Leben wird zu einer Frage der Selbstinszenierung im Rahmen des Paradigmas der Selbstoptimierung.

Im Sinne der anvisierten Analogiebildung (vgl. Kap. 2) lässt sich das Nachhaltigkeitsdogma im Verhältnis zum Christusdogma (vgl. Kap. 3) folgendermaßen zusammenfassen:

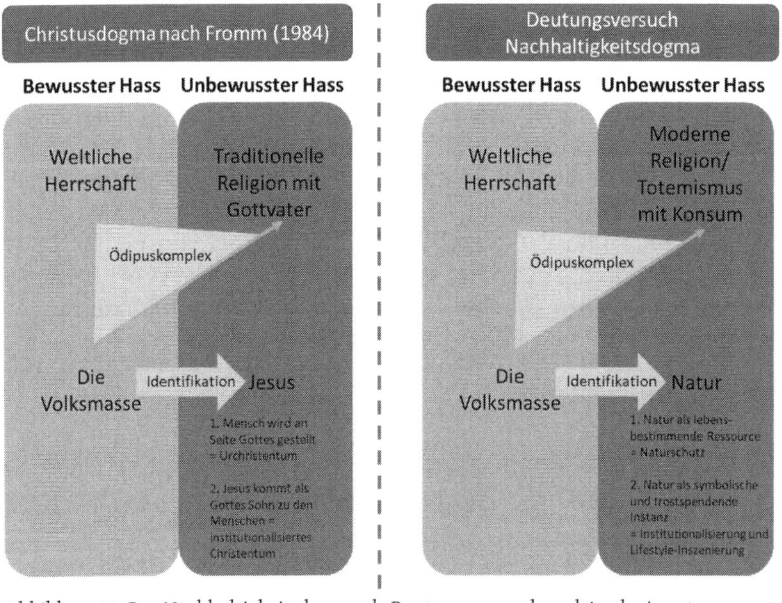

Abbildung 11: Das Nachhaltigkeitsdogma als Deutungsversuch und Analogie

7 Schluss: Das Selbst als Zentrum einer humanistischen Ökologie

Ganz am Schluss besteht die Frage, welchen Beitrag die Analyse des Nachhaltigkeitsdogmas für eine scheinbar doch notwendige, weil immer wieder als Bedarf postulierte, nachhaltige Entwicklung und ökologische Transformation leisten kann. Obwohl bei nüchterner Betrachtung der Befund eher zu einer Resignation einlädt, ist es doch das Anliegen von Wissenschaft und Forschung einen Beitrag zu Weiterentwicklung zu leisten.

Die Aufgabe der psychoanalytischen Analyse in der vorliegenden Untersuchung kann man darin sehen, einen Beitrag zur Förderung eines Naturverständnisses und damit eines menschlichen Selbstverständnisses zu leisten. Das Anliegen eines solchen Beitrags könnte es sein, die „technologisch-wissenschaftliche Wahrnehmung der Welt mit einer moralisch-humanen Wahrnehmung“ (Ittelson et al. 1977, S. 81) zu versöhnen. Eine zunehmende Verbreitung von Praktiken der östlichen Hemisphäre wie Yoga, Zen oder Qigong, bei denen der Mensch seinen psychologischen Ort in der natürlichen Welt hat und sich nicht durch Begriffe des Fortschritts und Wandels von ihr zu trennen versucht, sind Ausdruck dafür, dass sich die Menschen mehr und mehr der Folgen nichtökologischen Handelns bewusstwerden. Sie markieren einen Bedarf an sinnstiftenden Elementen für das alltägliche Handeln (vgl. Steuten 2010, S. 98 f.). Im Angesicht ihrer eigenen Gefühle und körperlich-sinnlichen Wahrnehmungen versuchen sie, sich als moderne Menschen in ihrem natürlichen Wesen gedanklich und gefühlsmäßig neu zu positionieren: Mit dieser Perspektive rückt innerhalb einer sozialwissenschaftlich verstandenen Ökologie das „Selbst“ in den Fokus. Das Selbst steht für eine Hybridisierung von Natur und Kultur zu einer „natürlichen Kultur“ einerseits oder einer „kultivierten Natürlichkeit“ andererseits. Diese Hybridisierung kann den Ausgangspunkt einer ökologischen Transformation darstellen.

Der Mensch kann in diesem subjektwissenschaftlichen Naturverständnis darüber hinaus als ein Wesen angenommen werden, das in seiner Entwicklung von den gesellschaftlichen Verhältnissen bestimmt wird. Der Mensch ist ein Sozialwesen, weshalb die soziale Umwelt auch als ökologisches Merkmal eine zentrale Untersuchungskategorie darstellt, die Jarzombek (2009, S. 99) als „Ökologie der sozialen Beziehungen“ versteht. Gemeinschaft wird so zu einer Grunddimension nachhaltiger Entwicklung. In der Ausdeutung der Verhaltensökologie durch Willi (2005, S. 37 ff.) führt dies zur Annahme einer „Beziehungsökologie“ als wesentlicher Treiber der sozialen Verhältnisse. Die zentrale Annahme ist dabei das Bemühen um eine psychische Entität, sich im Austausch mit ihrer Umwelt so zu verhalten, dass sie sich eine soziale Nische schafft, die es ihr ermöglicht, das Überleben zu sichern. Der Organismus muss sich sozusagen seine Beziehungsumwelt strategisch gestalten, wobei „strategisch" im Sinne des Überlebens zwar „ökologisch" sein kann, sich aber negativ auf die psychische Gesundheit auswirken kann. Beziehungsökologie eröffnet daher einen ökologischen Horizont, bei dem es um das individuelle Selbst geht. Die dahinterstehende Grundannahme ist, dass das Ich immer als Ausdruck des Du angenommen wird, denn die Psyche eines Menschen entwickelt sich nicht durch Selbstkontakt, sondern in Beziehungen.

Mit Ciompi (1982, S. 118) kann die Bedeutung der Noosphäre (vgl. Abschn. 4.6) für die nachhaltige Entwicklung im Rahmen der Beziehungsökologie dargestellt werden. Der Autor beschreibt anhand der Entwicklung eines Kindes vom ersten Saugen an der Brust der Mutter bis hin zur differenzierten Entwicklung eines Selbst, wie daraus affektiv-kognitive Bezugssysteme entstehen, deren Schemata später im Erwachsenenleben unter dem Begriff der „Übertragung" verhaltenswirksam werden können und einer Beziehungsökologie entgegenstehen:

> Je nachdem, wie diese internalisierten Repräsentanzen konfiguriert sind, perzipieren – und unter Umständen deformieren – wir all jene Bezugspersonen, die aufgrund von Ähnlichkeitsbeziehungen (= Invarianzen) einem bestimmten Schema zugeordnet werden, immer wieder in der gleichen Weise. Zum Beispiel können alle mehr oder weniger deutlichen Vaterfiguren in stereotyper Weise als autoritär, aggressiv und gefährlich etc. erlebt werden. Entsprechend wird nicht nur alles Denken und Fühlen solchen Personen gegenüber, sondern ebenfalls das gesamte Verhalten ausfallen. (ebd., S. 118).

Diese Übertragungshypothese geht von der Annahme aus, dass alle Elemente in der Psyche durch solche affektiv-kognitiven Bezugssysteme organisiert sind und damit eine Auswirkung auf das Denken, Fühlen und Verhalten haben. Das, was die Psyche eines Einzelnen konstituiert, ist damit abhängig von den gesammelten Erfahrungen. Erfahrungen basieren immer auf einer Einbettung in soziale Bezugssysteme, sodass individuelle Wahrheiten immer auch kollektive Wahrheiten sind, da Erfahrungen oft auch gemeinsam gemacht werden, bzw. aus der Kultur selbst heraus gestiftet werden. Die Frage ist demnach nicht mehr, was wahr oder falsch ist, sondern was aufgrund kultureller Erfahrungshorizonte als funktionell stimmig erlebt wird.

Das Konzept der Beziehungsökologie bezeichnet in diesem Verständnis nicht die Beziehung des Menschen zu seiner natürlichen Umwelt, wie es die Ökologie als Naturwissenschaft praktiziert, sondern das Feld der Noosphäre einer Person und der von ihr eingenommenen sozialen Nische. Als ökologisch im Verständnis von Gesundsein wird dabei ein Mensch-Umwelt-Verhältnis angenommen, bei dem ein Mensch sein Potenzial entfalten kann, die Umwelt als ansprechend und fördernd erlebt sowie Erwartungen als angemessen wahrnimmt. Ist dies gegeben, kann sich der Mensch als Beziehungswesen selbstwirksam konstruieren, denn

Nachhaltige Entwicklung wird daher von zwei Interessensdimensionen in sozialen Beziehungen beeinflusst: dem wechselseitigen Interesse aneinander und dem übereinstimmenden Interesse an Tätigkeiten, Aktivitäten, Dingen usw. Dabei geht es nicht um Deckungsgleichheit, sondern um Resonanz gegenüber dem Andern. In dieser Resonanz sind gemeinsame, auf Nachhaltigkeit ausgerichtete Entwicklungen möglich.

Diesen Ansatz aufgreifend, kann eine psychoökologische Forschung identifiziert werden, die Anregungen für eine sozialökologische Bildungsforschung gibt, indem das Individuum als Organismus differenziert betrachtet wird. Dabei wird zwischen der Ebene des Selbst mit seinen Gedanken und dem Körper mit seinen Signalen und Reizen unterschieden. Entsprechend einem Informationsverarbeitungsansatz kann dazu der Körper als eine äußere Reizkonstellation verstanden werden, während die Psyche und das Selbst dazu dienen, eine innere Situationsidentifikation zu ermöglichen. Die innere Seite des Selbst und die äußere Seite des Körpers dienen einander wechselseitig als Umwelt (vgl. Krüger et al. 2013, S. 238). Ocken (2009, S. 81) verwendet für diesen Zusammenhang den Begriff der Psycho-Somato-Ökologie und beschreibt, dass die Psyche, der Körper und das diese beiden Elemente umgebende Ökosystem als Mitwelt miteinander in Beziehung stehen und aufeinander bezogen funktionieren. Nachhaltigkeitsbemühungen müssten dies berücksichtigen. Aus der Zusammenführung beider Ansätze ergibt sich ein psycho-sozialökologischer Ansatz, der ein relationales Umweltverständnis aufgreift und eng an den Lebenskontexten des Subjekts ausgerichtet ist.

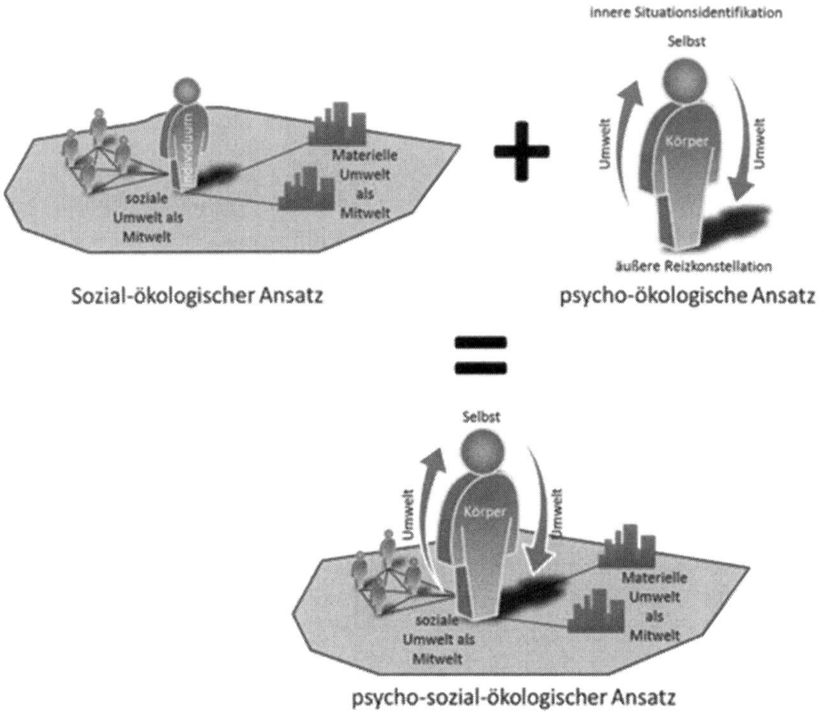

Abbildung 12: Relationales Umweltkonzept im psycho-sozial-ökologischen Forschungsansatz

Mit diesem Verständnis eines eher relationalen Umweltkonzepts eröffnet sich ein Raum für eine psychoanalytische Bestimmung nachhaltiger Entwicklung. Die zentralen Elemente eines solchen Theoriebeitrages folgen einer subjektwissenschaftlichen Perspektive des Menschen als Träger nachhaltiger Entwicklung und einer Präzisierung der sozialökologischen Bildungsforschung mit dem Fokus auf Mensch-Umwelt-Beziehungsaspekte (vgl. Tretter 2008, S. 193). Umwelt versteht man dabei als jede Art von Kontext, und das Subjekt selbst wird als Teil der Zusammenhänge angenommen und nicht den Zusammenhängen gegenüberstellt. Die damit verbundene Offenlegung des Naturverständnisses als kulturelle Metapher eröffnet eine integrale Perspektive, die es im Rahmen der Umwelt- und Ressourcendiskussion ermöglicht, eine Perspektive des Menschen auf sich selbst in seiner natürlichen Verfasstheit einzunehmen. Es wird im vorliegenden Ansatz die Hypothese vertreten, dass dadurch eine notwendige Perspektive markiert wird, damit man einen Bewusstseinswandel für nachhaltiges Handeln thematisieren und gestalten kann.

Busch (2009, S. 183) beschreibt in diesem Verständnis für eine auf ein strategisches Umwelthandeln ausgerichtete Entwicklung die Bedeutung des Selbst als die Voraussetzung des „[...] ökologischen Umgangs des Individuums mit den eigenen Energien, Stärken und Schwächen". Eine Vernachlässigung dieser Dimension zeigt sich nicht nur in Themenstellungen wie Work-Life-Balance oder Burnout, sondern verweist auf eine grundsätzliche Standortbestimmung des Selbst im Umgang mit der eigenen Natur und ihrer Umwelt. Es wird von einer Notwendigkeit und Möglichkeit der Vernetzung ökologiebezogener Kompetenzentwicklung und ökologiebezogenen Handelns ausgegangen.

An dieser Stelle ist jedoch auch anzumerken, dass dieser Zusammenhang der Entwicklung eines „ökologischen" Selbst mit einem strategischen ökologischen Umwelthandeln und -lernen bisher zu wenig thematisiert wurde und bedarf einer vertiefenden Betrachtung. Die dafür nötige forschende Auseinandersetzung kann im Rahmen eines Forschungs-programms erfolgen, dass die Entwicklung einer „humanistischen Ökologie" (Prescher 2017) zum Ziel hat. Begriffe wie „ökologische Kompetenz" bezeichnen nämlich in allgemeiner Weise einen auf nachhaltiges Handeln bezogenen Wissensvorrat, zielen aber meist lediglich auf einen schonenden Ressourceneinsatz ab, der Rohstoffe im Zentrum der Betrachtung hat. Das individuelle Selbst als grundlegende Ressource bleibt außerhalb der Reflexion ökologischen Denkens und Handelns.

Schlussfolgernd kann eine zusätzliche Dimension von Nachhaltigkeit in die Debatte um Umweltbildung eingeführt werden, die als weitere Säule im Nachhaltigkeitsdreieck thematisiert werden kann: Das „Selbst" als Träger von Werten, was die Standortbestimmung eines individuellen und gemeinschaftlich „guten" und damit nachhaltigen Lebens verbindet. Diese Kombination läuft auf einen beispielsweise durch Bogun (2009, S. 31 ff.) oder Kleine (2009, S. 13) angedeuteten Bedarf hinaus, das Nachhaltigkeitsdreieck so zu ergänzen, dass man eine Querschnittssäule einfügt, um neben inhaltlichen Zielsetzungen stärker auch prozedurale Zielsetzungen thematisieren zu können und nach konkreten strukturellen Konsequenzen und systemischen Innovationen zu fragen.

Im Kern geht es darum, in integrierter Perspektive ein Innovationsfeld zu eröffnen. Bei diesem wird angenommen, dass eine Verschiebung der Schwerpunkte des Nachhaltigkeitsdreiecks von einer gesellschaftlichen Perspektive zu einer subjektbezogenen und beziehungsökologischen Perspektive möglich wird. Diese Subjektperspektive eröffnet für eine nachhaltige Entwicklung die Berücksichtigung des konkreten Beziehungskontextes als ökologischen Nahraum mit einer klaren Verbindung zu den alltäglichen Deutungsmustern der Akteure. Im Nachhaltigkeitsdreieck in Anlehnung an Merten (2010, S. 12) erschließt sich diese Subjektperspektive im Sinne eines Bewusstseins für die eigene und kollektive natürliche Verfasstheit in den Schnittpunkten Ökonomie (Kompetenz, Engagement), Soziales (Führungskräfte/Mitarbeiter) und Ökologie (Regenerationsfähigkeit).

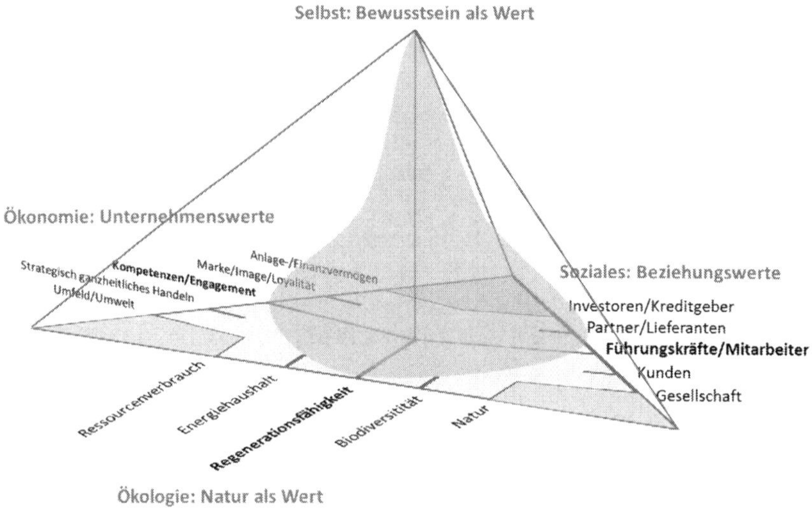

Abbildung 13: Das Selbst als vierte Dimension im Innovationsfeld des Nachhaltig-keitsdreiecks
Quelle: Eigene Darstellung in Anlehnung an Merten 2010, S. 12

8 Literaturverzeichnis

Ankele, K./Hoffmann, E./Nill, J./Rennings, K. & Ziegler, A. (2002): Innovationswirkungen von Umweltmanagementsystemen. Wirkungsmodell und Literaturstudie. Diskussionspapier des IÖW 52/02, Berlin.

Antoni, C. & Bauer, C. (2005): Umweltmanagementsysteme und betriebliches Umweltverhalten – mehr Schein als Sein? In: Zeitschrift für Arbeits- und Organisationspsychologie, Jg. 49, H. 2, S. 57-68.

Arlt, P. D. H.-J. & Zech, P. D. R. (2015): Arbeit und Muße. essentials. Springer Fachmedien Wiesbaden.

Arnold, R. & Prescher, T. (2011): Emergenz der Emotion in pädagogischen Interaktionen: Grundlinien einer transformativen Erlebenspädagogik. In: zdg – Zeitschrift Didaktik der Gesellschaftswissenschaften, Jg.. 2, H. 1, S. 88-111.

Arnold, R. (2006): Erwachsenenbildung: Eine Einführung in Grundlagen, Probleme und Perspektiven (5., unveränd. Neuaufl.). Schneider Hohengehren.

Arnold, R. (2010): Die Erwachsenenbildung als <<Regierung des Selbst>>. Anmerkungen zur Foucault-Euphorie in der Erwachsenenpädagogik. In: Klingovsky, U./Kossak, P. & Wrana, D. (Hrsg.): Die Sorge um das Lernen. Festschrift für Hermann J. Forneck. Bern: hep Verlag, S. 72-84.

Asendorpf, J. (2007): Psychologie der Persönlichkeit (F. J. Neyer, Hrsg.) (4. Aufl.). Heidelberg: Springer.

Bachmann, G. (2012): Zehn Jahre Nachhaltigkeitsstrategie. Der lange Weg zur Langfristigkeit. Erreichbar unter: http://www.nachhaltigkeitsrat.de/uploads/media/Bachmann_Analyse_Zehn_Jahre_Nachhaltigkeitsstrategie_17-04-2012.pdf, Stand: 14.05.2012.

Bahro, R. (2002): Die Idee des Homo integralis – oder ob wir eine neue Politeia stiften können. In: Alt, F./Bahro, R. & Ferst, M. (Hrsg.): Wege zur ökologischen Zeitenwende. Reformalternativen und Vision für ein zukunftsfähiges Kultursystem. Berlin: Edition Zeitsprung, S. 21-30.

Barben, D. & Dierkes, M. (1991): Wirtschaftsethik, Unternehmenskultur und Technikfolgenabschätzung – Orientierungsgrundlagen für die tägliche Praxis, In: Dierkes, M. & Zimmermann, K. (Hrsg.): Ethik und Geschäft: Dimensionen und Grenzen unternehmerischer Verantwortung. Wiesbaden: VS Verlag, S. 205-240

Bateson, G. (1985): Ökologie des Geistes. Anthropologische, psychologische, biologische und epistemologische Perspektiven. Suhrkamp Verlag, Frankfurt a.M.

Becke, G./Meschkutat, B. & Weddige, P. (2001): Umweltmanagementsysteme: Hemmschuh oder Auslöser für sozial-ökologische Lernprozesse in Kleinunternehmen der Bauwirtschaft. In: Arbeit, Jg. 10, H. 1, S. 63-77.

Becker, G. (2001): Urbane Umweltbildung im Kontext einer nachhaltigen Entwicklung: theoretische Grundlagen und schulische Perspektiven. Opladen: Leske Budrich.

Benner, D. (1991): Allgemeine Pädagogik: eine systematisch-problemgeschichtliche Einführung in die Grundstruktur pädagogischen Denkens und Handelns (2., verb. Aufl.). Weinheim: Juventa-Verlag.

Berger, P. L. & Luckmann, T. (1987): The Social Construction of Reality. New York: Free Press.

Bergthaller, H. (2007): Populäre Ökologie: zu Literatur und Geschichte der modernen Umweltbewegung in den USA. Frankfurt a.M.: Lang.

Beschorner, T./Behrens, T./Hoffmann, E./Lindenthal, A./Hage, M./Thierfelder, B. & Siebenhühner, B. (2005): Institutionalisierung von Nachhaltigkeit. Eine vergleichende

Untersuchung der organisationalen Bedürfnisfelder Bauen & Wohnen, Mobilität und Information & Kommunikation. Marburg: Metropolis Verlag.
Beyme, K. von (1978): Die ökologische Bewegung zwischen Bürgerinitiativen und Parteiorganisation. In: In: Guggenberger B. & Kempf U. (Hrsg): Bürgerinitiativen und repräsentatives System. Wiesbaden: VS Verlag für Sozialwissenschaften, S. 361-375.
BLK (1998): Bildung für eine nachhaltige Entwicklung – Orientierungsrahmen. Heft 69; Bund-Länder-Kommission für Bildungsplanung und Forschungsförderung (BLK), Bonn. Erreichbar unter: http://www.blk-bonn.de/papers/heft69.pdf, Stand: 14.10.2012.
BLK (1999): Bildung für eine nachhaltige Entwicklung – Gutachten zum Programm von Gerhard de Haan und Dorothee Harenberg. Heft 72; Bund-Länder-Kommission für Bildungsplanung und Forschungsförderung (BLK), Bonn. Erreichbar unter: http://www.blk-bonn.de/papers/heft72.pdf, Stand: 14.10.12.
BMBF (2000): Rahmenkonzept „Sozial-ökologische Forschung", Bonn.
Bogun, R. (2009): Umwelt-, Risiko- und Nachhaltigkeitsdiskurs: Variationen des gleichen Themas? Universität Bremen, Forschungszentrum Nachhaltigkeit (artec) (Hrsg.), Bremen, erreichbar unter: http://www.ssoar.info/ssoar/handle/document/36856, Stand: 14.08.2014.
Bohus, M. (2015): Elfenbeintürme im Treibsand oder: Was macht es so schwierig, Erkenntnisse aus der Forschung in der therapeutischen Praxis umzusetzen? In: Verhaltenstherapie, Jg. 25, S. 145 – 155.
Bolscho, D. (2010): Umweltkommunikation und Erziehung. In: Büscher, C. & Japp, K.P. (2010): Ökologische Aufklärung: 25 Jahre „Ökologische Kommunikation". Wiesbaden: VS Verlag für Sozialwissenschaften, S. 203-228.
Bormann, I. (2013): Bildung für nachhaltige Entwicklung als Praxis sozialer Innovation. In: Rückert-John, J. (Hrsg.): Soziale Innovation und Nachhaltigkeit, Innovation und Gesellschaft. Wiesbaden: VS Verlag, S. 269-288.
Borowicz, D. (2013): Vater-Spuren-Suche: Auseinandersetzung mit der Vätergeneration in deutschsprachigen autobiographischen Texten von 1975 bis 2006. Göttingen: V&R unipress.
Bortz, J./Döring, N. (2003): Forschungsmethoden und Evaluation: für Human- und Sozialwissenschaftler. 3. Auflage, Berlin: Springer-Verlag.
Bosselmann, K. (1992): Im Namen der Natur: der Weg zum ökologischen Rechtsstaat. Darmstadt: Wiss. Buchges.
Brand, K.-W. & Kropp, C. (2004): Naturverständnisse in der Soziologie. In: Rink, D. & Wächter, M. (Hrsg.): Naturverständnisse in der Nachhaltigkeitsforschung. Frankfurt: Campus, S. 103-139.
Brand, K.-W. (2013): Neue soziale Bewegungen: Entstehung, Funktion und Perspektive neuer Protestpotentiale. Eine Zwischenbilanz. Wiesbaden: Westdeutscher Verlag.
Brand, U. & Wissen, M. (2011): Die Regulation der ökologischen Krise. Theorie und Empirie der Transformation gesellschaftlicher Naturverhältnisse. In: ÖZS, Jg. 36, H. 2, S. 12 – 34.
Brangsch, L./Dellheim, J./Sprangenberg, J.H. & Wolf, F.O. (2012): Den Krisen entkommen. Sozialökologische Transformation. Berlin: Karl Dietz Verlag. Erreichbar unter: http://www.rosalux.de/fileadmin/rls_uploads/pdfs/Manuskripte/Manuskripte_99 .pdf, Stand:12.02.2015.
Brauweiler, J./ Zenker-Hoffmann, A. & Will, M. (2015): Umweltmanagementsysteme nach ISO 14001. Grundwissen für Praktiker. Wiesbaden: Springer Gabler.
Breuer, C. (2012): Die Ökologie des Menschen. Die Rede von Papst Benedikt XVI. vor dem Bundestag. In: DIE NEUE ORDNUNG, Jg. 66, Nr. 2, S. 84 – 102.
Brunsson, N. (2007): The consequences of decision-making. Oxford: Oxford Univ. Press.

Bundesregierung (2012): Nationale Nachhaltigkeitsstrategie. Fortschrittsbericht 2012. Erreichbar unter: http://www.umweltbundesamt.de/umweltbewusstsein/publikationen/nationale_nachhaltigkeitsstrategie_fortschrittsbericht_2012.pdf, Stand: 14.05.2012.

Büntig, W. (2010): Vorwort. In: Lowen, A. (2010): Bioenergetik für Jeden: das vollständige Übungshandbuch, 15. Auflage, München: Kirchheim, S. I-IV.

Busch, P. (2009): Strategisches Umwelthandeln als Förderung ökologischer Kompetenz in der Beratung. In: Jarzombek, D. (Hrsg.): Ökotherapie und Tiefenökologie in Theorie und Praxis Münster: Lit Verlag, S. 182 – 196.

Carsons, J. (2001): Defining and Selecting Competencies: Historical Reflections on the Case of IQ. In: Rychen, D.S.& Salganik, L.H. (Hrsg.): Defining and Selecting Key Competencies. Seattle/Göttingen, S. 33-44.

Caruso, I. A., (1972): Psychoanalyse – >Ersatz< des Sozialen? In: Caruso, I. A. (Hrsg.): Soziale Aspekte der Psychoanaylse Reinbek: Rowohlt Verlag, S. 21-40.

Charlier, S. (2001): Grundlagen der Psychologie, Soziologie und Pädagogik für Pflegeberufe. Stuttgart: Georg Thieme Verlag.

Ciompi, L. (1982): Affektlogik: über die Struktur der Psyche und ihre Entwicklung; ein Beitrag zur Schizophrenieforschung. Stuttgart: Klett-Cotta.

Clayton, S. (2003): Environmental Identity: A Conceptional and Operational Definition. In: Clayton, S. & Opotow, S. (Hrsg.): Identity and the natural environment: the psychological significance of nature. Cambridge, Massachusetts: MIT Press, S. 45-66.

Conrad, J. (2000): Nachhaltige Entwicklung: einige begriffliche Präzisierungen oder der heroische Versuch einen Pudding an die Wand zu nageln. In: FFU-Report 07-2000, Forschungsstelle für Umweltpolitik, FU Berlin. Erreichbar unter: http://www.polsoz.fu-berlin.de/polwiss/forschung/systeme/ffu/publikationen/2000/conrad_jobst_20004/rep_00-07.PDF, Stand: 12.03.2013.

de Haan, G. (2008): Gestaltungskompetenz als Kompetenzkonzept der Bildung für nachhaltige Entwicklung. In: Bormann, I. & de Haan, G. (Hrsg.): Kompetenzen der Bildung für nachhaltige Entwicklung. Operationalisierung, Messung, Rahmenbedingungen, Befunde. Wiesbaden: VS Verlag, S. 23 – 44.

Descola, P. (2014): Die Ökologie der Anderen: die Anthropologie und die Frage der Natur (E. Moldenhauer, Hrsg.) (1. Aufl.). Berlin: Matthes & Seitz.

DIHK (2015): EMAS-Statistiken. Erreichbar unter: http://www.emas.de/fileadmin/user_upload/04_ueberemas/Statistik/EMAS-TN-Anzahl-Bundeslaender-DIHK.pdf, Stand: 08.06.2015.

Dippelhofer-Stiem, B. (1995): Sozialisation in ökologischer Perspektive. Eine Standortbestimmung am Beispiel der frühen Kindheit. Opladen: Westdeutscher Verlag.

Draheim, S. (2012): Das lernende Selbst in der Hochschulreform: „Ich" ist eine Schnittstelle: Subjektdiskurse des Bologna-Prozesses. Bielefeld: Transcript-Verl.

Drösser, C. (2004): Im Treibsand. In: Die Zeit, Nr. 27, 24.04.2004, Erreichbar unter: http://www.zeit.de/2004/27/Stimmts_Treibsand, Stand: 12.01.2016.

Dyllick, T. & Hummel, J. (1996): Integriertes Umweltmanagement im Rahmen des St. Galler Management-Konzepts. IWÖ-Diskussionspapier Nr. 35, St. Gallen: Institut für Wirtschaft und Ökologie.

Eblinghaus, H. & Stickler, A. (1998): Nachhaltigkeit und Macht: zur Kritik von Sustainable Development (3. Aufl.). Frankfurt am Main: IKO – Verl. für Interkulturelle Kommunikation.

Ehrenberg, A. (2008): Das erschöpfte Selbst. Depression und Gesellschaft in der Gegenwart. Frankfurt a.M.: Suhrkamp.

Ehrenberg, A. (2015): Das erschöpfte Selbst: Depression und Gesellschaft in der Gegenwart. Campus Verlag.

Eirmbter, W.H. (1982): Bildungsaspiration und sozialökologischer Kontext. In: Vaskovics, L. A. (Hrsg): Umweltbedingungen familialer Sozialisation: Beiträge zur sozialökologischen Sozialisationsforschung. Stuttgart: Ferdinand Enke Verlag, S. 237 – 254.
Engels, J. I. (2006): Naturpolitik in der Bundesrepublik: Ideenwelt und politische Verhaltensstile in Naturschutz und Umweltbewegung 1950 – 1980. Paderborn: Schöningh.
Eppler, E. (2011): Eine solidarische Leistungsgesellschaft: Epochenwechsel nach der Blamage der Marktradikalen. Bonn: Dietz.
Erikson, E. H. (1965): Kindheit und Gesellschaft. 2 Auflage, Stuttgart: Klett.
Ernst, A. (2008): Zwischen Risikowahrnehmung und Komplexität: über die Schwierigkeiten und Möglichkeiten kompetenten Handelns im Umweltbereich. In: Bormann, I. & de Haan, G. (Hrsg.): Kompetenzen der Bildung für nachhaltige Entwicklung. Operationalisierung, Messung, Rahmenbedingungen, Befunde. Wiesbaden: VS Verlag, S. 44-59.
Fessen, B. (1993): Erich Fromms kritische Psychologie der Entfremdung. In: Deutsche Zeitschrift für Philosophie, Jg. 41, H. 1, S. 101 – 118.
Fichter, K. (1995): Ermittlung des Aus- und Weiterbildungsbedarfs im Umweltschutz. In: Fichter, K. (Hrsg.): EG- Öko-Audit-Verordnung. Mit Öko-Controlling zum zertifizierten Umweltmanagementsystem. Schriftenreihe des IÖW. Berlin, S. 53-58
Finke, P. (1979): Grundlagen einer linguistischen Theorie. Wissenschaftstheorie, Wissenschaft und Philosophie. Braunschweig: Vieweg+Teubner Verlag.
FONA (2013): Sozial-ökologische Forschung (SÖF). Erreichbar unter: http://www.fona.de/ de/9883/, Stand: 19.12.2013.
Fooken, E. (1999): Betriebliche Umweltbildung: Top-down- und Bottom-up-Strategien der Personalführung zur Implementierung von Umweltschutz im Unternehmen. Dissertation der Erziehungswissenschaftlichen Fakultät der Christian-Albrechts-Universität zu Kiel.
Freud, S. (1928): Die Zukunft einer Illusion (2. Aufl.). Leipzig [u.a.]: Internat. Psychoanalyt. Verl.
Fromm, E. (1932): Über Methode und Aufgabe einer analytischen Sozialpsychologie. In: Zeitschrift für Sozialforschung. Jg. 1. H. 1/2, S. 28 – 54.
Fromm, E. (1984a): Das Christusdogma und andere Essays. München: dtv Sachbuch.
Fromm, E. (1984b): Märchen, Mythen, Träume: eine Einführung in das Verständnis einer vergessenen Sprache (109.-123. Tsd.). Reinbek bei Hamburg: Rowohlt.
Fromm, E. (1989): Wege aus einer kranken Gesellschaft. München: dtv Sachbuch.
Fromm, E. (1999): Psychoanalyse und Religion. München: dtv Sachbuch.
Fromm, E. (2004): Haben oder Sein. Die seelischen Grundlagen einer neuen Gesellschaft. 32. Auflage. München: dtv.
Fuchs, T. (2005): Ökologie des Gehirns. Eine systemische Sichtweise für Psychiatrie und Psychotherapie. In: Der Nervenarzt, Jg. 76, H. 1, S. 1-10.
Gallis, C. (2013): What Is Green Care? Introduction, History, and Origins. In: Gallis, C. (Hrsg.): Green care: for human therapy, social innovation, rural economy, and education. New York: Nova, S. 3-9.
Giddens, A. (1988): Die Konstitution der Gesellschaft: Grundzüge einer Theorie der Strukturierung. Frankfurt a.M.: Campus Verlag.
Giddens, A. (1996): Konsequenzen der Moderne. Frankfurt a.M.: Suhrkamp Verlag.
Gil, T. (1994): Handlungsräume und Naturverhältnisse. Zur Kritik des ökologischen und des technokratischen Naturalismus. In: Bien, G./Gil, T. & Wilke, J. (Hrsg.): „Natur“ im Umbruch. Zur Diskussion des Naturbegriffs in Philosophie, Naturwissenschaft und Kunsttheorie, Stuttgart: Frommann-Holzboog, S. 79-89.

Goldschmidt, N. & Homann, K. (2011): Theoretische Grundlagen für eine praxistaugliche Konzeption: die gesellschaftliche Verantwortung der Unternehmen. Positionspapier 10. München: Roman Herzog Institut.

Greve, J. (2009): Das Dilemma der sozialen Ökologie: dargestellt am Beispiel der Rollenfindung behinderter Menschen; onto- und phylogenetische Bedingungen von Segregation und Integration; Grundzüge einer Rehabilitationsanthropologie. Frankfurt a. Main: Peter Lang.

Grothe, A. & Fröbel, An (2009): Kona – Kompetenzentwicklung für nachhaltiges Handeln. Entwicklung von beruflichen Qualifizierungsinstrumenten im Kompetenzfeld Nachhaltigkeit. Erreichbar unter: http://www.hwr-berlin.de/fileadmin/downloads_internet/Forschung/Kona_Abschlussbericht.pdf, Stand: 30.04.2012).

Grünewald, S. (2015): Die erschöpfte Gesellschaft: warum Deutschland neu träumen muss. Freiburg: Herder.

Grunwald, A. (2010): Die Ökologie der Individuen. Erwartungen an individuelles Umwelthandeln. In: Büscher, C. & Japp, K.P. (2010): Ökologische Aufklärung: 25 Jahre „Ökologische Kommunikation". Wiesbaden: VS Verlag für Sozialwissenschaften, S. 229 – 257.

Haan, G. de (1985): Natur und Bildung: Perspektiven einer Pädagogik der Zukunft. Weinheim [u.a.]: Beltz

Hagen, W. (2017): Goebbels'Stimme. Erreichbar unter: http://whagen.de/PDFS/10797_HagenGoebbelsStimme_2017.pdf, Stand: 12.02.2018.

Haila, Y. (2011): Border Zones of Ecology and the Applied Sciences. In: Schwarz, A. & Jax, K. (Hrsg.): Ecology revisited: reflecting on concepts, advancing science. Dordrecht: Springer, S. 369-383.

Hampe, M. (2013): Die Natur. Gibt es sie überhaupt? In: Zeit Philosophie, die Zeit, Jg. 68, Nr. 25, S. 22.

Hauff, M. von & Kleine, A. (2009): Nachhaltige Entwicklung. München: Oldenbourg Verlag.

Hauff, V. (1991): Soziale und ökologische Verantwortung von Unternehmen. In: Dierkes, M. & Zimmermann, K. (Hrsg.): Ethik und Geschäft: Dimensionen und Grenzen unternehmerischer Verantwortung. Wiesbaden: Verlag für Sozialwissenschaften, S. 73 – 86

Hayward, J. (1997): Heilige Welt. Die Shambhala-Krieger im Alltag. München: Hugendubel Heinrich GmbH.

Heinrichs, J. (2001): Wege aus einer kranken Gesellschaft – Sozialpsychologische Überlegungen im Anschluß an Erich Fromm. In: Zeitschrift für Sozialökonomie Jg. 38, H. 131, S. 49 – 62

Hemkes, B. (1995): Arbeitnehmerorientiertes Umweltmanagement. In: Zeitschrift für berufliche Umweltbildung, Bd. 5, H. 4, S. 8-11.

Hengsbach, F. (1991): Wirtschaftsethik. Freiburg: Herder-Spektrum

Henze, C. (1998): Ökologische Weiterbildung in Nordrhein-Westfalen: eine empirische Studie zur Programmplanung und Bildungsrealisation an Volkshochschulen. Münster: Waxmann.

Herzog, W. (1991): Das moralische Subjekt: pädagogische Intuition und psychologische Theorie. Bern: Verlag Hans Huber.

Hohnsträter, D. (2004): Ökologische Formen: Die ökologische Frage als kulturelles Problem. Würzburg: Königshausen & Neumann.

Holzapfel, N. (2015): Burn out. Jetzt mal langsam. Erreichbar unter: http://www.sueddeutsche.de/karriere/rueckkehr-nach-burn-out-jetzt-mal-langsam-1.2597583, Stand: 14.03.2018.

Homann, K. (1995): Ethik und Ökonomik. In: Kappler, E. & Scheytt, T. (Hrsg.): Unternehmensführung - Wirtschaftsethik - gesellschaftliche Verantwortung, Gütersloh: WBV, S. 177 - 200.
Huber, J. (2011): Allgemeine Umweltsoziologie (2., vollst. überarb. Aufl.). Wiesbaden: VS Verlag.
IHK-Berlin (2015): Verpflichtende Energieaudits für Unternehmen. Industrie- und Handelskammer zu Berlin (Hrsg.). Erreichbar unter: https://www.ihk-berlin.de/blob/bihk24/innovation/energie/Download/2263466/f2f01649036f9ef5bd0440e2727cca3c/IHK-Merkblatt_Verpflichtende_Energieaudits_fuer_ Unternehmen-data.pdf, Stand: 07.08.2015.
Ittelson, W. H./ Proshansky, H.M./ Rivlin, L.G. & Winkel, G.H. (1977): Einführung in die Umweltpsychologie. Stuttgart: Klett-Cotta.
Jaeger, C. (1996): Die Zähmung des Drachens: führt der globale Schock zu einer ökologischen Wende? Opladen: Westdt. Verl.
Jaeggi, E. (2002): Kritische Psychologie und Kritik der Psychologie - eine Übersicht. In: Journal für Psychologie Jg. 10 , H. 3, S. 305-314.
Japp, K.P. (2010): Risiko und Gefahr. Zum Problem authentischer Kommunikation. In: Büscher, C. & Japp, K.P. (Hrsg): Ökologische Aufklärung□: 25 Jahre „Ökologische Kommunikation“. Wiesbaden: VS Verlag für Sozialwissenschaften, S. 281-307.
Jarzombek, D. (2009): Gemeinschaft als ökotherapeutisches Prinzip. In: Jarzombek, D. (Hrsg.): Ökotherapie und Tiefenökologie in Theorie und Praxis Münster: Lit Verlag, S. 98-112.
Karmasin, M. (1996): Ethik als Gewinn. Wien: Linde.
Kastrup, J. (2008): Betriebliche Umweltbildung: Ein Referenzmodell zur Gestaltung betrieblicher Umweltbildung in kleinen und mittleren Unternehmen auf der Grundlage theoretischer und empirischer Explorationen (1. Auflage). Mering: Rainer Hampp Verlag. Erreichbar unter: https://www.wiso-net.de/document/EBOK, AEBO__9783866182851272, Stand: 10.03.2015.
Kieser, A. & Walgenbach, P. (2010): Organisation. 6. Auflage, Stuttgart: Schäffer-Poeschel Verlag.
Kleine, A. (2009). Operationalisierung einer Nachhaltigkeitsstrategie: Ökologie, Ökonomie und Soziales integrieren. Wiesbaden: Gabler.
Kluge, T. (1985): Gesellschaft, Natur, Technik. Wiesbaden: Springer Fachmedienverlag.
Knapp, U. (1991): Das Wagnis. Ökologische Realpolitik: Pragmatisch, staatsfern, mehrheitsbewußt, grün. Frankfurt a.M.: Eichborn.
Knitter, P. F. (2012): Ohne Buddha wäre ich kein Christ. Freiburg im Breisgau: Herder.
Knoblauch, H. (2012): Der Topos der Spiritualität. In: Keller, R./Schneider, W. & Viehöver, W. (Hrsg.): Diskurs - Macht - Subjekt. Wiesbaden: VS Verlag für Sozialwissenschaften. S. 247 - 264.
Koller, H.-C. (2012): Grenzsicherung oder Wandel durch Annäherung? Zum Spannungsverhältnis zwischen Bildungstheorie und empirischer Bildungsforschung. In: Zeitschrift für Pädagogik Jg. 58, H. 1, S. 6 - 21.
Kreikebaum, H. (1996): Grundlagen der Unternehmensethik. Stuttgart: Kohlhammer.
Krüger, M./Emrich, E./Meier, H. E. & Daumann, F. (2013): Bewegung, Spiel und Sport in Kultur und Gesellschaft - Sozialwissenschaften des Sports. In: Güllich, A./Krüger, M. (Hrsg.): Sport: Das Lehrbuch für das Sportstudium. Heidelberg: Springer DE, S. 337 - 394
Küchenhoff, J. (2005): Die Achtung vor dem Anderen. Weilerswist-Metternich: Velbrück, Erreichbar unter: https://www.researchgate.net/publication/255686025_Die_Achtung_vor_dem_Anderen. Stand: 25.02.2018.

Kupper, P. (2005): Gestalten statt Bewahren: Die umweltpolitische Wende der siebziger Jahre am Beispiel des Atomenergiediskurses im Schweizer Naturschutz. In: Brüggemeier, F.-J. & Engels, J.I. (Hrsg.): Natur- und Umweltschutz nach 1945: Konzepte, Konflikte, Kompetenzen. Frankfurt: Campus-Verl, S. 145-161.

Laing, R. D. (1972): Das geteilte Selbst: eine existentielle Studie über geistige Gesundheit und Wahnsinn. Köln: Kiepenheuer & Witsch.

LANDESSTIFTUNG Baden-Württemberg (2009): Zukunft gestalten - Nachhaltigkeit lernen. Handbuch zur außerschulischen Bildung für nachhaltige Entwicklung. LANDESSTIFTUNG Baden-Württemberg gGmbH (Hrsg.), Stuttgart, Erreichbar unter: http://www.bne-ortal.de/fileadmin/unesco/de/Downloads/Hintergrundmaterial_national/Zukunft_2520gestalten_2520-2520Nachhaltigkeit_2520lernen._2520Handbuch_2520f_25C3_25BCr_2520die_2520au_25C3_259Ferschulische_2520Bildung_2520f_25C3_25BCr_2520nachhaltige_2520Entwicklung.File.pdf, 14.06.2014.

Leck, C./ Upton, D. & Evan, N. (2013): Social Aspects of Green Care. In: Gallis, C. (Hrsg.): Green care: for human therapy, social Innovation, rural economy, and education. New York: Nova, S. 155 - 188.

Lederle, S. (2008): Die Ökonomisierung des Anderen. Eine neoinsitutionalistisch inspirierte Analyse des Diversity Management-Diskurses. Wiesbaden: VS Verlag.

Lehmann, C. (2003): Umweltmanagement und zukunftsfähige Unternehmensentwicklung. In: Linne, G. & Schwarz, M. (Hrsg.): Handbuch Nachhaltige Entwicklung. Wiesbaden: VS Verlag für Sozialwissenschaften. S. 321–330.

Lehmann, C. (2017): Fundamentale Methoden. Erreichbar unter: https://www.christianlehmann.eu/ling/epistemology/fundamentale_methoden.html, Stand: 14.02.2018.

Leontév, A.N. (1977): Tätigkeit, Bewußtsein, Persönlichkeit. Stuttgart: Klett-Verlag.

Levy, A. (2000): Traditionen und Perspektiven im Werk von Erich Fromm. Dissertation am Fachbereich Philosophie und Humanontogenetik der Humboldt-Universität zu Berlin, erreichbar unter: https://edoc.hu-berlin.de/handle/18452/15214, Stand: 12.03.2018.

Lohmann-Haislah, A. (2012): Stressreport Deutschland 2012. Psychische Anforderungen, Ressourcen und Befinden. Bundesanstalt für Arbeitsschutz und Arbeitsmedizin, Berlin.

London, P (1973): Der gesteuerte Mensch. Über die Möglichkeiten einer Verhaltenskontrolle. München: Ehrenwirth.

Loske, R. (2015): Nachhaltigkeit erfordert pluralistische Wirtschaftsstile. Warum »die Wirtschaft« in der Ökonomie von morgen zunehmend durch »das wirtschaften« ersetzt wird. In: Neue Gesellschaft Frankfurter Hefte, Jg. 62, H. 5, S.46 - 48.

Lowen, A. (1994): Bioenergetik. Therapie der Seele durch Arbeit mit dem Körper. Reinbeck bei Hamburg: Rowohlt.

Luckmann, T. (2008): Konstitution, Konstruktion: Phänomenologie, Sozialwissenschaft. In: Raab, J./Pfadenhauer, M./Stegmaier, P./Dreher, J. & Schnettler, B. (Hrsg.): Phänomenologie und Soziologie. Wiesbaden: VS Verlag für Sozialwissenschaften. S. 33 - 40.

Luhmann, H.-J. (2005): Soziale Dämme vor Folgen des Klimawandels — auf Treibsand gebaut. In: Zeitschrift für Rechtspolitik. Jg. 38, H. 1, S. 22 - 24.

Luhmann, N. & Schorr, H.E. (1988): Strukturelle Bedingungen von Reformpädagogik. Soziologische Analysen der Moderne. In: Zeitschrift für Pädagogik. Jg.. 34, H 4, S. 463-480.

Luhmann, N. (1988): Wirtschaft der Gesellschaft. Frankfurt/Main: Suhrkamp.

Luhmann, N. (1989): Ethik als Reflexionstheorie der Moral. In: Luhmann, N. (Hrsg.), Gesellschaftsstruktur und Semantik, Bd. 3, Frankfurt/Main: Suhrkamp S, 358 - 447

Luhmann, N. (1990): Die gesellschaftliche Moral und ihre ethische Reflexion. In: Ethik und Unterricht. H. 3, S. 4 - 14.

Luhmann, N. (1991): Wirtschaftsethik – als Ethik? In: Wieland, J. (Hrsg.): Wirtschaftsethik und Theorie der Gesellschaft. Frankfurt/Main: Suhrkamp, S. 134-147.

Luhmann, N. (1997): Die Gesellschaft der Gesellschaft. Frankfurt am Main: Suhrkamp.

Mahnkopf, B. (2015): >>Grüne Ökonomie<< als Beruhigungsmittel. In: Neue Gesellschaft Frankfurter Hefte, Jg. 62, H. 5, S. 37 – 39.

Manhart, K. (2007): Strukturalistische Wissenschaftstheorie: Eine kurze Einführung. Erreichbar unter: http://www.klaus-manhart.de/mediapool/28/284587/data/07-strukturalismus.pdf, Stand: 12.02.2018.

Markl, H. (1986): Natur als Kulturaufgabe: über die Beziehung des Menschen zur lebendigen Natur. Stuttgart: Dt. Verl.-Anst.

Massumi, B. (2009): National Enterprise Emergency: Steps Toward an Ecology of Powers. In: Theory Culture Society Jg. 26, H. 6 S. 153 – 185.

Mayer, R. (2009): Die Bedeutung historisch-kritischer Arbeit im Rahmen biblischer Hermeneutik. Erreichbar unter: http://www.gemeindenetzwerk.de/?p=745, Stand: 15.02.2018.

MEA [Millennium Ecosystem Assessment] (2005): Ecosystems and Human Well-being: Synthesis. Washington, DC: Island Press.

Meadows, D./Meadows, D. H./Zahn, E. & Milling, P. (1972): Die Grenzen des Wachstums. Bericht des Club of Rome zur Lage der Menschheit. München: Deutsche Verlags-Anstalt.

Merten, C. (2015): Mit Cloud, Big Data und Analytics aus der Krise. Die Story von Hewlett-Packard. Erreichbar unter: https://www.computerwoche.de/a/die-story-von-hewlett-packard,2538200,6, Stand: 21.06.2018.

Merten, T. (2010): Wege zur Nachhaltigkeit in KMU. Bedarfsgerechte und passgenaue Instrumente. RKW Jahrestagung 2010, 1. Juli 2010, Düsseldorf. Erreichbar unter: http://www.rkw.de/fileadmin/media/Dokumente/Publikationen/2010_VT_RKW-Jahrestagung-Merten.pdf, Stand: 12.03.2013.

Metzner, A. (1993): Probleme sozio-ökologischer Systemtheorie: Natur und Gesellschaft in der Soziologie Luhmanns. Opladen: Westdt. Verl.

Michelsen, G./Rode, H./Wendler, M. & Bittner, A. (2013): Außerschulische Bildung für nachhaltige Entwicklung: eine Bestandsaufnahme am Beginn des 21. Jahrhunderts. München: oekom verlag.

Minsch, J. (1997): Nachhaltigkeit und institutionelle Innovationen. In: Rennings, K. & Hohmeyer, O. (Hrsg.): Nachhaltigkeit. : Nachhaltigkeit und ökologische Ökonomie, Nachhaltigkeit und ökonomische Globalisierung, Nachhaltigkeit und Innovationen. Baden-Baden: Nomos-Verl.-Ges., S. 297 – 329.

Mollenhauer, D. (1985/1986): Ökologie – das enfant terrible der Biologie. In: Scheidewege. Jahresschrift für skeptisches Denken. Jahrgang 1985/86, Band 15, S. 126-141.

Morton, T. (2016): Ökologie ohne Natur: Eine neue Sicht der Umwelt. Berlin: Matthes & Seitz Verlag.

Müller, G. J. (1995): Mitweltbezogene Pädagogik: Erleben und Lernen in zivilisationsferner Natur. Weinheim: Dt. Studien-Verl.

Müller, H.-R. (2002): Exzentrische Positionalität. Bildungstheoretische Überlegungen zu einem Theorem Helmuth Plessners. In: Wigger, L. (Hrsg.): Forschungsfelder der Allgemeinen Erziehungswissenschaft. Opladen: Leske und Budrich, S. 53-61.

Müller-Christ, G. (2008): Frames und Widerspruchsmanagement: Voraussetzungen für einen Wandel in Richtung nachhaltige Unternehmen. In: Lange, H. (Hrsg.): Nachhaltigkeit als radikaler Wandel. Die Quadratur des Kreises. Wiesbaden: VS Verlag, S. 215-235.

Nadig, M. (1985): Ethnopsychoanalyse und Feminismus – Grenzen und' Möglichkeiten. In: Feministische Studien, Jg. 4, H. 2, S. 105 – 118.

Nassehi, A. (2009): Wie die Ethik nach Menschen sucht und doch nur Bilder findet. In: Vossenkuhl, W./Borasio, G. D./Grothe, B./Graf, F.W./Hilpert, K./Nassehi, A./Sellmaier, S. & Schroth, U. (Hrsg.): Ecce Homo!□: Menschenbild – Menschenbilder. Stuttgart: Kohlhammer, S. 24-48.

Negt, O. (1993): Wir brauchen eine zweite gesamtdeutsche Bildungsreform. In: Gewerkschaftliche Monatshefte, Heft 11, S. 657-668. Erreichbar unter: http://195.243.222.33/gmh/main/pdf-files/gmh/1993/1993-11-a-657.pdf, Stand: 02.03.2013.

Nennen, H.-U. (1991): Ökologie im Diskurs: zu Grundfragen der Anthropologie und Ökologie und zur Ethik der Wissenschaften. Opladen: Westdt. Verl.

Nethöfel, W. (1997): Unternehmensethik - Orientierung in der Krise. In: Geißler, H. (Hrsg.), Unternehmensethik, Managementverantwortung und Weiterbildung, Neuwie: Luchterhand, S. 106 – 118.

Newig, J. (2013): Produktive Funktionen von Kollaps und Zerstörung für gesellschaftliche Transformationsprozesse in Richtung Nachhaltigkeit. In: Rückert-John, J. (Hrsg.): Soziale Innovation und Nachhaltigkeit, Innovation und Gesellschaft, Wiesbaden: VS Verlag, S. 133-149.

Niebergall, F. (1911): Person und Persönlichkeit. Leipzig: Quelle & Meyer.

Nieke, W. (2008): Interkulturelle Erziehung und Bildung. Wertorientierungen im Alltag. 3. Auflage, Wiesbaden: VS Verlag.

Ocken, R. (2009): Gesundheit, Gesellschaft, Krankheit: durch Veränderung von Wissen, Denken und Handeln zu mehr Lebensfreude und Gesundheit. Norderstedt: BoD – Books on Demand.

Öko-Institut (2015): Öko-Institut fliegt klimaneutral. Erreichbar unter: http://www.oeko.de/aktuelles/oeko-institut-fliegt-klimaneutral/, Stand: 14.05.2015.

Osterloh, M. (1996): Vom Nirvana-Ansatz zum überlappenden Konsens der Unternehmensethik im Vergleich, In: Nutzinger, H.G. (Hrsg.): Wirtschaftsethische Perspektiven III, Berlin: Duncker & Humblot, S. 203-230

Parin, P. (1978): Warum die Psychoanalytiker so ungern zu brennenden Zeitproblemen Stellung nehmen. Eine ethnologische Betrachtung. In: Jg. 32, H. 5/6, S. 385 – 399.

Petersen, S. (1997): Organisation von Mitarbeiterschulung und -information im Rahmen eines Umweltmanagementsystems. Schriftenreihe des IÖW 120/97, Berlin., Erreichbar unter: http://www.ioew.de/uploads/tx_ukioewdb/IOEW_SR_120_ Orga nisation_Mitarbeiterschulung_Umweltmanagementsystem.pdf,Stand: 14.06.2015.

Petschow, U. & Pissarskoi, E. (2012): Nachhaltigkeitsdebatte konkret: Zwischen Green Econonmy und Postwachstum. In: ÖkologischesWirtschaften, 4/2012, S. 14. Erreichbar unter: http://www.oekologisches-wirtschaften.de/index.php/oew/article/download/ 1236/1229, Stand: 22.12.2012.

Pfaller, A. (2015): Die Gedanken sind frei, der Weg ist blockiert. In: Neue Gesellschaft Frankfurter Hefte, Jg. 62, H. 5, S. 16 – 18.

Pischon, A. (1999): Integrierte Managementsysteme für Qualität, Umweltschutz und Arbeitssicherheit. Berlin: Springer.

Plessner, H. (1982): Mit anderen Augen: Aspekte einer philosophischen Anthropologie. Stuttgart: Reclam.

Prammer, H. K. (2009): Integriertes Umweltkostenmanagement: Bezugsrahmen und Konzeption für eine ökologisch-nachhaltige Unternehmensführung. Wiesbaden: Gabler.

Prescher, T. (2017): Humanistische Ökologie: Das Selbst als Schlüssel nachhaltiger Entwicklung. Baltmannsweiler: Schneider Verlag Hohengehren.

Prescher, T. (2018): Konstitution und Konstruktion ökologischer Bildung von Organisationen: Bedingungs-Prämissen-Analyse sozialökologischer Bildungsforschung als

Beitrag zu einer ökologischen Bildungstheorie. Unveröffentlichte Habilitationsschrift im Fachbereich Sozialwissenschaft der Technischen Universität Kaiserslautern.
Proske, M. (2002): Pädagogisierung und Systembildung: Das Pädagogische im gesellschaftlichen Umgang mit dem Dritte-Welt-Problem. In: Zeitschrift für Erziehungswissenschaft, Jg. 5, Nr. 2, S. 279-298.
ptMagagzin (2010): Das alternative Kopenhagen-Manifest. Erreichbar unter: https://www.pt-magazin.de/de/specials/umwelt/das-alternative-kopenhagen-manifest_2cb.html, Stand: 14.02.2018.
Pucher, C. (2013): Erich Fromm – Religionssystem versus religiöses Denken. religiöses Denken THEOS – Studienreihe Theologische Forschungsergebnisse, Band 114, Hamburg: Verlag Dr. Kovač.
Qing Li (2013): Benefits of Forest and Forest Environment on Human Health in a Green Care Context: An Introduction to Forest Medicine. In: Gallis, C. (Hrsg.): Green care: for human therapy, social Innovation, rural economy, and education. New York: Nova, S. 139-151.
Raab, J./Pfadenhauer, M./Stegmaier, P./Dreher, J. & Schnettler, B. (2008): Phänomenologie und Soziologie Grenzbestimmung eines Verhältnisses. In: Raab, J./Pfadenhauer, M./Stegmaier, P./Dreher, J. & Schnettler, B. (Hrsg.): Phänomenologie und Soziologie. VS Verlag für Sozialwissenschaften. S. 11 – 29.
Radkau, J. (2011): Die Ära der Ökologie: Eine Weltgeschichte. München: C.H.Beck.
Radtke, F.-O. (1995): Interkulturelle Erziehung. Über die Gefahren eines pädagogisch halbierten Anti-Rassismus. In: Zeitschrift für Pädagogik, Jg. 41, Nr. 6, S. 853-864.
Reichmayr, J. (2016): Psychoanalytische Ethnologie und Ethnopsychoanalyse Überblick und Entwicklung 2000 bis 2015. In: Reichmayr, J. (Hrsg.): Ethnopsychoanalyse revisited: Gießen: Psychosozial-Verlag, S. 11 – 44.
Reichmuth, A. (2010): Immer wieder Weltuntergang. Ökoszenarien hinterfragt. Berlin; Münster: Lit.
Reißig, R. (2009): Gesellschafts-Transformation im 21. Jahrhundert: ein neues Konzept sozialen Wandels. Wiesbaden: VS Verlag für Sozialwissenschaften.
Renner, K.-H./Heydasch, T. & Ströhlein, G. (2012): Forschungsmethoden der Psychologie. Wiesbaden: Springer Verlag.
Rieckmann, M. (2010). Die globale Perspektive der Bildung für eine nachhaltige Entwicklung: eine europäisch-lateinamerikanische Studie zu Schlüsselkompetenzen für Denken und Handeln in der Weltgesellschaft. BerlIn BWV Berliner Wissenschaftsverlag.
Rogall, H. (2004): Ökonomie der Nachhaltigkeit: Handlungsfelder für Politik und Wirtschaft. Wiesbaden: Springer-Verlag.
Rosa, H. (2012): Weltbeziehungen im Zeitalter der Beschleunigung: Umrisse einer neuen Gesellschaftskritik. Berlin: Suhrkamp.
Roth, I. (2012): Psychische Anforderungen – Herausforderungen am Arbeitsplatz. In: Lohmann-Haislah, A. (Hrsg.): Stressreport Deutschland 2012. Psychische Anforderungen, Ressourcen und Befinden. Bundesanstalt für Arbeitsschutz und Arbeitsmedizin, Berlin, S. 9-10.
Rückert-John, J. (2013): Die Nachhaltigkeit der Debatte um soziale Innovationen – Innovationsschub für den nachhaltigen Wandel. In: Rückert-John, J. (Hrsg.): Soziale Innovation und Nachhaltigkeit: Perspektiven sozialen Wandels. Wiesbaden: Springer VS., S. 289 – 307
Sadegh-Zadeh, K. (2000): Als der Mensch das Denken verlernte: die Entstehung der Machina sapiens. Tecklenburg: Burgverl.

Saller, V. (2001): Die Leib-Seele-Problematik in Psychoanalyse, Ethnologie und Ethnopsychoanalyse. In: Egli, W./Saller, V. & Signer, D. (Hrsg.): Neuere Entwicklungen der Ethnopsychoanalyse. Münster: Lit Verlag, S. 105 – 118

Schellenbaum, P. (1991): Die Wunde der Ungeliebten. Blockierung und Verlebendigung der Lieben. 2. Auflage, München: Deutscher Taschenbuch Verlag.

Schimank, U. (1985): Der mangelnde Akteurbezug systemtheoretischer Erklärungen gesellschaftlicher Differenzierung – ein Diskussionsvorschlag. In: Zeitschrift für Soziologie, Jg. 14, H. 6, S. 421 – 434.

Schmid, M, & Veichtlbauer, O. (2006): Vom Naturschutz zur Ökologiebewegung. Umweltgeschichte Österreichs in der Zweiten Republik. Innsbruck: StudienVerlag.

Schmid, W. (2008): Ökologische Lebenskunst. Was jeder Einzelne für das Leben auf dem Planeten tun kann. Frankfurt a.M.: Suhrkamp Verlag.

Schrade, A. (1993). Mit Ökoliberalismus zur Ökostadt. In Buchmüller, L. & Fingerhuth, C. & Huber, B. (Hg.). Management der postmodernen Stadt. S. 23 – 42, Zürich: vdf.

Schrijver, P.H. (2007): Seeing the Invisible: A Study of Lucretius' Use of Analogy in the De rerum natura. In: Gale, M.R. (Hrsg.): Oxford Readings in Classical Studies: Lucretius. Oxford: Oxford University Press, S. 255 – 289.

Schüßler, I. (2007). Nachhaltigkeit in der Weiterbildung: theoretische und empirische Analysen zum nachhaltigen Lernen von Erwachsenen. Baltmannsweiler: Schneider Hohengehren.

Sempik, J. & Bragg, R. (2013): Green Care: Origins and Activities. In: Gallis, C. (Hrsg.): Green care: for human therapy, social Innovation, rural economy, and education. New York: Nova, S. 11 – 31.

Senge, P. M./Smith, B./ Kruschwitz, N./Laur, J. & Schley, S. (2011): Die notwendige Revolution: wie Individuen und Organisationen zusammenarbeiten, um eine nachhaltige Welt zu schaffen. Heidelberg: Carl-Auer-Verlag.

Senge, P.M./ Lichtenstein, B.B./Kaufer, K./Bradbury, H. & Carroll, J. (2007): Collaborating for Systemic Change. In: MIT sloan management review: the business of innovation. H. 2, S. 44 – 53.

Siebenhüner, B. & Arnold, M. (2006): Organisationales Lernen zur Realisierung nachhaltiger Innovationen. In: Pfriem, R./Antes, R./Fichter, K./Müller, M./Paech, N./Seuring, S. & Siebenhüner, B. (Hrsg.): Innovationen für eine nachhaltige Entwicklung. Wiesbaden: Dt. Universitätsverlag. S. 319-336.

Sloterdijk, P. (2009): Du mußt dein Leben ändern: über Anthropotechnik (1. Aufl.). Frankfurt am Main: Suhrkamp.

Slunecko, T. (2008): Von der Konstruktion zur dynamischen Konstitution: Beobachtungen auf der eigenen Spur. 2. Auflage, Wien: facultas wuv.

Smeijsters, H. (2003): Analogie als Kernkonzept der Musiktherapie. Eine psychologische und empirische Betrachtung. In: Musik-, Tanz- und Kunsttherapie, Jg. 14, H. 1, S. 9-18.

Sommer, P. (2007): Umweltfokussiertes Supply Chain Management: am Beispiel des Lebensmittelsektors. Wiesbaden: Dt. Universitäts-Verl.

Stegmüller, W. (1986): Probleme und Resultate der Wissenschaftstheorie und Analytischen Philosophie. Band II., Berlin: Springer Verlag.

Steinmann, H. & Gerhard, B. (1992): Effizienz und Ethik in der Unternehmensführung. In: Homann, K. (Hrsg.): Aktuelle Probleme der Wirtschaftsethik, Berlin: Duncker und Humblot, S. 159 – 182.

Stengel, M. (1999). Ökologische Psychologie. München: Oldenbourg.

Steuten, U. (2010): Heiliger Schrecken – schreckliche Heilige. In: Bukow, W.-D./Heck, G./Schulze, E. & Yildiz, E. (Hrsg.): Neue Vielfalt in der urbanen Stadtgesellschaft. Wiesbaden: VS Verlag, S. 96-113.

Theweleit, K. (1990): Objektwahl (All you need is Love). Über Paarbildungsstrategien & Bruchstücke einer Freudbiographie. 2. Auflage, Stroemfeld/Roter Stern Verlag, Frankfurt.

Thurn, H.P. (2008): Das Projekt >>Kultur<< - destruktionsanalytisch betrachtet. In: Baecker, D./Kettner, M. & Rustemeyer, D. (Hrsg.): Über Kultur. Theorie und Praxis der Kulturreflexion. Bielefeld: Transcript Verlag, S. 45-68.

Toadvine, T. (2003): The Primacy of Desire and its Ecological Consequences. In: Brown, C. S. & Toadvine, T. (Hrsg.): Eco-Phenomenology: Back to the Earth Itself. New York: State University of New York Press, S. 139-153.

Towers, J. & Kohler, M. (2008). Ökologie und Design. In Erlhoff, M. & Marshall, E. (Hg.). Board of International Research in Design. S. 297 – 299, Birkhäuser Verlag.

Townsend, C. R./Begon, M. & Harper, J. L. (2009): Ökologie (2. Aufl.). Dordrecht: Springer.

Treml, A. K. (2000): Allgemeine Pädagogik□: Grundlagen, Handlungsfelder und Perspektiven der Erziehung. Stuttgart: Kohlhammer.

Treml, A.K. (1987): Welche Erziehung brauchen wir für einen anderen Fortschritt? In: Becker, E. & Ruppert, W. (Hrsg,): Ökologische Pädagogik. Pädagogische Ökologie. Frankfurt a.M.: Verlag für Interkulturelle Kommunikation, S. 49-71.

Treml, A.K. (o.J.): Reflexionsprobleme einer funktionalistischen Erziehungstheorie. Unveröffentlichtes Manuskript.

Trepl, L. (1988): Leitwissenschaft Ökologie? In: Ingensiep, H.W. & Jax, K. (Hrsg.): Mensch, Umwelt und Philosophie. Bonn: Wissenschaftsladen Bonn e.V., S. 163 – 172.

Trepl, L. (1991): Zur politischen Geschichte der biologischen Ökologie. Wunsch und Wirklichkeit. In: Hassenpflug D. (Hrsg.): Industrialismus und Ökoromantik. Wiesbaden: Deutscher Universitätsverlag, S. 193-210.

Tretter, F. (2008): Ökologie der Person. Auf dem Weg zu einem systemischen Menschenbild. Lengerisch: Papst Science Publishers.

Uekötter, F. (2005): Erfolglosigkeit als Dogma? Revisionistische Bemerkungen zum Umweltschutz zwischen dem Ende des Zweiten Weltkriegs und der >>ökologischen Wende<<. In: Brüggemeier, F.-J. & Engels, J.I. (Hrsg.): Natur- und Umweltschutz nach 1945: Konzepte, Konflikte, Kompetenzen. Frankfurt: Campus-Verl, S. 105-123.

Ulrich, P. (1989): Unternehmsethik – Führungsinstrument oder Grundlagenreflexion? In: Steinmann, H. & Löhr, A. (Hrsg.): Unternehmensethik. Stuttgart: Kohlhammer, S. 179-199.

UNEP [United Nations Environment Programme] (2007): Global Environment Outlook GEO-4. Environment for Development. Malta: Progress Press.

Valsangiacomo, A. (1998): Die Natur der Ökologie: Anspruch und Grenzen ökologischer Wissenschaften. Zürich: vdf, Hochsch.-Verl. an der ETH.

Wächter, M. (2004): Naturverständnisse in der Ökologie: dargestellt am Beispiel der Stadtökologie. In: Rink, D. & Wächter, M. (Hrsg.): Naturverständnisse in der Nachhaltigkeitsforschung. Frankfurt: Campus, S. 35 – 72.

Walter, H (1998): Handbuch Führung: der Werkzeugkasten für Vorgesetzte. Frankfurt/Main: Campus.

WBGU (2011): Welt im Wandel: Gesellschaftsvertrag für eine Große Transformation. Wissenschaftlicher Beirat der Bundesregierung Globale Umweltveränderungen (WBGU), Berlin. erreichbar unter: http://www.wbgu.de/fileadmin/templates/dateien/veroeffentlichungen/hauptgutachten/jg2011/wbgu_jg2011_ZfE.pdf, Date: 21.12.2012.

Weingarten, M. (2002): Überlegungen zur reproduktionstheoretischen Bestimmung gesellschaftlicher Naturverhältnisse. In: Lotz, A. & Gnädinger, J. (Hrsg.): Wie kommt die Ökologie zu ihren Gegenständen. Frankfurt a.M.: Peter Lang, S. 17-34.

Weizäcker, C.C. von (2011): Wie vertragen sich Nachhaltigkeit und Demokratie? Erreichbar unter: https://www.nzz.ch/wie_vertragen_sich_nachhaltigkeit_und_demokratie-1.4550282, Stand: 19.02.2018.

Wieland, J. (1991): Die Ethik der Wirtschaft als Problem lokaler und konstitutioneller Gerechtigkeit. In: Wieland, J. (Hrsg.): Wirtschaftsethik und Theorie der Gesellschaft. Frankfurt/Main: Suhrkamp, S. 7 - 31.

Wigger, L. (2009): Habitus und Bildung. Einige Überlegungen zum Zusammenhang von Habitustransformationen und Bildungsprozessen. In: B. Friebertshäuser, M. Rieger-Ladich, & L. Wigger (Hrsg.): Reflexive Erziehungswissenschaft. VS Verlag für Sozialwissenschaften. S. 101–118.

Willi, J. (2005): Ökologische Psychotherapie: wie persönliche Entwicklung und Lebenssituation sich wechselseitig beeinflussen (Überarb. Neuausg.). Reinbek bei Hamburg: Rowohlt-Taschenbuch-Verl.

Wippermann, P. (2012): Werte-Index 2012. Mit Vertrauen Kundenschwärme managemen. Erreichbar unter: https://www.kosmetikverband.de/fileadmin/dokumente/vketreff/2012_vortraege/3351%20T_VKE_Kosmetikverband_LOW.pdf, Stand: 23.05.2018.

Wittmann, S. (1998): Ethik im Personalmanagement. Bern: Haupt.

zur Lippe, R. (1987): Sinnenbewußtsein. Grundlegung einer anthropologischen Ästhetik. Reinbeck: Rowohlt.

9 Abbildungsverzeichnis